U0524907

新时代经济问题
研 究 丛 书

市场与计划：
谁是配置资源机制的最佳选择

对思想史争论的考察

杨春学　郭冠清　谢志刚　◎著

中国社会科学出版社

图书在版编目（CIP）数据

市场与计划：谁是配置资源机制的最佳选择：对思想史争论的考察/杨春学，郭冠清，谢志刚著 .—北京：中国社会科学出版社，2019.5

ISBN 978 – 7 – 5203 – 4362 – 6

Ⅰ.①市… Ⅱ.①杨…②郭…③谢… Ⅲ.①社会主义市场经济—研究②社会主义经济—计划经济—研究 Ⅳ.①F045.5

中国版本图书馆 CIP 数据核字（2019）第 078484 号

出 版 人	赵剑英
责任编辑	王　曦
责任校对	周晓东
责任印制	戴　宽

出　　版	中国社会科学出版社
社　　址	北京鼓楼西大街甲 158 号
邮　　编	100720
网　　址	http：//www.csspw.cn
发 行 部	010 – 84083685
门 市 部	010 – 84029450
经　　销	新华书店及其他书店
印刷装订	北京君升印刷有限公司
版　　次	2019 年 5 月第 1 版
印　　次	2019 年 5 月第 1 次印刷
开　　本	710×1000　1/16
印　　张	12.75
插　　页	2
字　　数	185 千字
定　　价	58.00 元

凡购买中国社会科学出版社图书，如有质量问题请与本社营销中心联系调换
电话：010 – 84083683
版权所有　侵权必究

中国社会科学院经济研究所
学术委员会

主　任　高培勇

委　员　（按姓氏笔画排序）
　　　　龙登高　朱　玲　朱恒鹏　刘树成　刘霞辉
　　　　杨春学　张　平　张晓晶　陈彦斌　赵学军
　　　　胡乐明　胡家勇　徐建生　高培勇　常　欣
　　　　裴长洪　魏　众

编写说明

中国特色社会主义进入了新时代，新时代意味着新起点、新征程、新变化、新形势、新要求、新任务，中国经济学界迎来了一系列全新的时代命题。跟踪研究新时代经济问题，为中国经济实现高质量发展提供智力支持，是中国经济学人义不容辞的责任。

秉持"为人民做学问"的宗旨，中国社会科学院经济研究所历来重视重大经济问题研究。值此中华人民共和国成立70周年及建所90周年之际，我们顺应新时代中国特色社会主义经济发展的现实需要，开展了一系列经济理论和现实问题研究，并在此基础上启动了《新时代经济问题研究丛书》编撰工作。这套丛书重点关注以下4方面问题：一是全面总结中国经济建设实践，讲好中国经济故事；二是深刻认识社会主要矛盾变化，做好经济学意义解释；三是从创新和完善宏观调控体系入手，探索推动高质量发展的规律；四是立足新时代，构建中国特色社会主义政治经济学。我们力求形成有用、能用、管用的研究成果，为中国经济发展和理论繁荣做出新的贡献，也敬请学界关注我们陆续推出的丛书成果。

中国社会科学院经济研究所学术委员会
2019年4月

序　言

《对 20 世纪"社会主义经济核算大争论"的反思》是中国社会科学院的重大课题。这一课题由杨春学研究员主持，参与者有郭冠清和谢志刚。第一章、第六章由杨春学执笔，第二章由谢志刚执笔，第三章、第四章和第五章由郭冠清执笔。

社会主义经济核算大争论始于米塞斯 1920 年的著名论文，经过 30 年代，延续到 40 年代。米塞斯认为，一旦废除私有制和市场之后，以公有制为基础的社会主义计划经济不可能实现资源的有效配置，因为它缺乏在市场竞争过程中形成的"货币价格"这一最基本的计算尺度。一批经济学家相继加入对这一观点的讨论之中。支持米塞斯的主要有哈耶克、罗宾斯。而反对者米塞斯观点的学者却有两类。一类可称为"新古典市场社会主义"，主要人物有迪金森、泰勒、兰格等。他们以一般均衡理论的思路来论证社会主义经济可以实现资源的有效配置，认为中央计划机关可以通过"试错法"来找到"正确的均衡价格"，从而实现总需求与总供给均衡。另一类反对者是以多布为主要代表的西方马克思主义经济学家，坚决反对把市场机制引入社会主义经济之中。这类观点认为，计划经济，正是通过理性的社会计划来创造出一种秩序，取代市场的"无政府状态"，才显示出其优越性的。哈耶克通过发展米塞斯的观点，对上述批评米塞斯的两类观点作出反击。他认为，这两类观点都是以"社会计划者"拥有完美的知识的假设为基础的，而这种假设是完全错误的，根本就没有考虑到知识的分散化，也没有考虑到许多个人的有关"特定时空的知识"具有默会的性质；社会主义经济的真正问题也不是像兰格等所想的那样如何确定和计算出"正确的均衡价格"的问题，而是如何建立能有效地利用个人分散化的、"默会的"知识的激励制度问题；更何况，市场价格的本质在于发现、传递和储存信息，而中央计划机关根本就没有这种功能。

到20世纪40年代末，争论似乎已经结束。学界普遍认为，兰格模式代表了胜利的一方，其实不然。从50年代到80年代，正当西方经济学界的公开争论正在趋于平静的时候，伴随着苏联和东欧对计划经济体制的改革努力，在这些国家中，争论以"计划经济与市场之间关系"的形式再次出现。有趣的是，这次争论的主角却是在主张引入市场机制来完善计划经济的"兰格们"和主张"正统的"计划经济制度的"多布们"之间爆发的。

随着苏联和东欧社会主义制度的崩溃，原来倡导"市场社会主义"的改革理论家开始结合社会主义改革历史来直接反思"米塞斯们"与"兰格们"的争论，并且几乎一致地对米塞斯和哈耶克的观点给予肯定（以科尔奈的评价最为典型）。与此同时，西方经济学家也对这场争论进行重新评价，得出的结论与科尔奈基本相同。不同的是，由于奥地利学派的直接批判对象——"苏联模式"已经退出历史舞台，西方经济学家的反思主要转化为对新奥地利经济学与新古典经济学之间在市场和价格理论方面的差异解读上。

本报告最基本的学术价值在于，将这场争论拓展到包括社会主义国家有关"计划经济与市场之间关系"的争论，把后者视为"争论原型的再现"，并对这一争论过程作了较为系统的分类描述和清理，包括论战各方观点的完善过程、对这场争论的主流评价的转变过程等，使我们对这场争论的性质和理论成果有一个更好的理解。

近年来，在中国经济学界，与20世纪二三十年代关于"社会主义经济核算问题"大争论直接或间接相关的文献日益增多，但直接以此为专题的单独的研究甚少。对这场争论的介绍，主要是作为某项课题的一个子部分，出现在对新奥地利学派、哈耶克或"市场社会主义"等名义下的研究之中，且对这场争论本身的评论，几乎都停留在是否有参考价值的层次上。更为严重的是，这类研究和评论没有正确理解争论双方就"经济核算问题"所作的不同假设，因而，误解了这场争论在理论上的某些重要性质。具体而言，有如下两点：

（1）国内的学者基本上是站在兰格等"社会主义经济同情者"的立场来评论这场争论的，不仅对兰格模式的新古典主义性质缺乏清醒的认识，也对哈耶克等的批评是否言之成理，缺少实事求是的评判。

兰格等的"市场社会主义"思想实为"新古典市场社会主义"。虽然这种思想曾经给社会主义能容纳市场机制提供过粗糙的理论根据，那也仅仅就起到一种启蒙的作用。事实上，它不可能为转轨经济提供良好的理论指南作用。

相比之下，无论理论上还是实践上，事后证明：哈耶克等对市场运行的理解要远比兰格等更准确和深刻。兰格—勒纳模式以一般均衡模型为基础，本身就染上了后者的所有缺陷。而这些缺陷正是转轨经济最应重视的问题。兰格—勒纳模式及其追随者还值得重视的思想，也就只剩下对这样一个问题的思考：市场社会主义如何在效率与社会公平之间寻求平衡？而这正是他们认为市场社会主义的优势所在，也是他们思想最富有魅力之处。

（2）国内的学者仅仅把这场争论视为一个经济思想史上的事件，认为这场争论的意义仅在于讨论了把市场引入社会主义经济中的可能性，而且，所引证的著作也基本上限于有关各方在20世纪二三十年代发表的论文，没有充分考虑到公开争论之后各方对自己的论点进一步发展、反思甚至于改变。对其他西方学者对争论所进行的周期性的不断反思，也缺乏清晰的了解，而这类反思经常运用了经济学的最新理论成果。

因此，这种认识，不足以总结这场争论所带来的更深层的理论成果。实质上，这场争论最为深刻而又往往被忽视的内容在于对市场的两种理解方式之间的重大差异。米塞斯和哈耶克等把市场经济理解为一种动态的竞争性过程，其中，通过价格的形成过程，分散化的知识得以传播到经济的各个角落,促成生产计划和消费计划的协调;同时,竞争充当着发现分散化的知识的作用。而兰格等对市场的理解却是基于新古典的一般均衡模型,通过假设市场参与者具有完全知识,这种分析框架根本无法用于说明市场的动态特征、市场如何协调经济等问题。

在此,我们有必要说明总结这场争论的理论遗产时的基本立场。哈耶克等所批判的社会主义在实践中的对象一直是苏联模式;对于在公有制和计划经济基础上引入市场制度,他们也一直认为是不可行的:试图把社会主义与竞争性市场融合起来的结果,"不过是件赝品而已"。中国的实践已经否定了社会主义与市场制度不可能相容的观点,虽然中国模式与兰格模式相去甚远。但是,这不等于说,哈耶克等的观点完全没有意义。因为他们所提出的某些问题是我们现在仍然能感觉到其分量的问题。

社会主义经济建设不仅仅是从坚持这一制度的人们之中获取力量,也应该从对它的批判者中吸取智慧!批判者的声音可以使我们保持警惕,反省自身可能存在的问题,正视这类问题,更有利于我们自身的健康发展!马克思对于资本主义内在痼疾的批判促使了资本主义在某种程度上进行改进,缓和其内在矛盾,而哈耶克等对于中央计划经济的批评,社会主义者曾经则置若罔闻,不予理会,这不得不说是一件历史憾事。

最后,还要说明的一点是:在研究过程中,课题组进行了多次的讨论。报告是真正意义上的合作的产物。报告印制之前,由杨春学统一进行了一些补充和改写。虽然如此,由于涉及的文献非常广泛、论题本身的复杂性以及课题人员的知识所限,研究报告中可能存在各种问题。自然地,主持人理应对报告中的任何错误和遗漏承担最主要的责任。

目　录

第一章　导论 ·· 1

第一节　马克思主义的理想设计 ································ 1
第二节　经典社会主义的实践模式 ································ 5
一　"新经济政策"制度 ······································ 6
二　"苏联模式" ··· 8
第三节　"社会主义经济核算争论" ······················· 12
一　某些先驱者 ··· 12
二　争论的经典过程 ··· 14
三　问题的性质 ··· 18
四　争论在另一个战场的持续 ······························· 25
第四节　一再出现的"兰格梦" ································ 27

第二章　公开争论的原型 ·· 32

第一节　米塞斯的挑战 ··· 32
一　经济核算的本质 ··· 33
二　经济核算的手段 ··· 35
三　在德语世界的初步辩论 ·································· 37
四　米塞斯命题的转化 ······································· 39
第二节　论战向英语世界的扩展 ································ 42

一　泰勒、迪金森等的回应 …………………………………… 43
　　　二　多布反对市场 ………………………………………………… 48
　第三节　哈耶克的诘难 ……………………………………………………… 50
　　　一　经济问题与价值序列 ………………………………………… 51
　　　二　复杂性论据 …………………………………………………… 52
　第四节　兰格模式的回应：均衡解与试错法 …………………………… 53
　　　一　价格含义与经济问题解决条件 ……………………………… 54
　　　二　竞争解决方案 ………………………………………………… 55
　　　三　试错法 ………………………………………………………… 57
　　　四　兰格模式的实质："新古典社会主义" ……………………… 58
　第五节　哈耶克对兰格模型的反驳 ……………………………………… 59
　　　一　哈耶克对传统均衡观的批评 ………………………………… 60
　　　二　分立知识与价格功能 ………………………………………… 62
　第六节　当事人对论战的反思 …………………………………………… 64
　　　一　兰格与计算机社会主义 ……………………………………… 64
　　　二　奥地利学派的市场过程与均衡观 …………………………… 66

第三章　对争论的反思（一）：对争论原型的解释与修正 ………… 72

　第一节　对争论原型的"标准版"解释 ………………………………… 73
　　　一　柏格森对争论的解释 ………………………………………… 74
　　　二　新古典学派大师萨缪尔森的推动 …………………………… 76
　　　三　奥地利著名经济学家熊彼特的赞同 ………………………… 77
　　　四　其他学者的支持 ……………………………………………… 82
　第二节　对争论原型"标准版"解释的修正 …………………………… 83
　　　一　沃恩对"标准版"解释的最初挑战 ………………………… 84
　　　二　莫雷尔对米塞斯理论的捍卫 ………………………………… 87
　　　三　拉沃伊对争论的重新解释 …………………………………… 89
　　　四　其他学者的贡献 ……………………………………………… 90

第四章　争论的再现：苏联、东欧国家的改革与争论 …………… 94

第一节　南斯拉夫：走入迷途的试验 ………………………… 95
一　"工人自治社会主义制度"的形成 ………………… 95
二　"多布们"和"兰格们"关于计划与
市场关系的争辩 …………………………………… 97
三　南斯拉夫模式的内生缺陷 …………………………… 100

第二节　匈牙利：寻求计划与市场有机结合的尝试 ………… 102
一　匈牙利模式的形成 …………………………………… 103
二　匈牙利模式存在的问题 ……………………………… 107

第三节　波兰和捷克斯洛伐克：弥漫光环的探索 …………… 109
一　波兰的分权模式 ……………………………………… 109
二　捷克斯洛伐克的"市场与人道主义的社会主义" … 111

第四节　苏联：完善计划经济的努力 ………………………… 114
一　最优化思想的发展 …………………………………… 115
二　最优计划理论 ………………………………………… 117
三　最优价格理论 ………………………………………… 120
四　简要评论 ……………………………………………… 124

第五节　理论的逆转：从计划走向市场 ……………………… 124

第五章　对争论的反思（二）：批评对象转换和理论重新建构 …… 127

第一节　对新古典经济学范式的批判 ………………………… 127
一　勃特克的批判 ………………………………………… 128
二　凯泽尔的批判 ………………………………………… 130
三　罗斯巴德的批判 ……………………………………… 131
四　其他学者的批判 ……………………………………… 132

第二节　米塞斯们对争论原型的进一步厘清 ………………… 132
一　对核算问题的进一步证明 …………………………… 133
二　对市场过程的进一步厘清 …………………………… 133

三　关于哈耶克和米塞斯异质性问题争辩…………………… 135
  第三节　兰格们寻求复兴的努力……………………………………… 138
   一　试图将所有权问题与资源配置问题分离的努力………… 138
   二　设计激励相容机制的努力………………………………… 139
   三　寻求第三条道路的努力…………………………………… 143
   四　完善兰格—泰勒—勒纳模型的努力……………………… 144
  第四节　多布们试图开辟新的风景线………………………………… 144
   一　利用劳动时间作为经济核算单位面临的挑战…………… 145
   二　以劳动时间为核算单位的缺位回应……………………… 146
   三　对使用劳动时间作为经济核算单位的不同意见………… 147
  第五节　仍然存在的争辩……………………………………………… 148
   一　关于争论原型的拓展与争辩……………………………… 148
   二　关于是否存在可行的社会主义争辩……………………… 149
   三　关于市场社会主义去向的争辩…………………………… 153
   四　关于中央计划当局是否需要收集复杂信息的争辩……… 154
   五　关于经济运行机制的设计………………………………… 154

第六章　理论遗产……………………………………………………… 156
  第一节　争论与实践…………………………………………………… 156
  第二节　市场、所有制与效率………………………………………… 158
   一　第一类问题：资源配置的效率可以相对独立于
       所有制形式吗？………………………………………… 159
   二　第二类问题：公有制经济能否很好地解决
       激励相容的问题？……………………………………… 163
   三　第三类问题：社会主义经济能够充分
       实现其价值观吗？……………………………………… 164
  第三节　市场环境的不确定性、知识的分散化与价格……………… 167
   一　个体均衡与社会均衡……………………………………… 168
   二　价格所传递的信息的特殊性质…………………………… 170

三　市场制度有效率的非价格基础…………………………173
　第四节　作为一个学派的重要教训……………………………173
参考文献……………………………………………………………176

第一章　导论

"社会主义核算争论"（socialist calculation debate）是 20 世纪经济思想史上的一个重大插曲。争论所涉及的问题实质上很复杂，且随着时间的推移，争论的焦点也有所变化，对于社会主义者、新古典主义者和奥地利学派，都有特别的意义。

第一节　马克思主义的理想设计

有人认为最早使用"社会主义"（socialism）这一词语的是欧文，但有关的思想却流源更早。这些思想往往是与"乌托邦"联系在一起的。这类思想确信，总有一天，人类有可能实现一个财产共有、普天同庆的理想社会，一个使劳动与欢乐、富有与善良、德行与幸福在尘世间结合起来的社会。

这类思想力图勾画出社会主义图景的各种细节（赫茨勒，1990）。乌托邦社会主义的代表人物艾蒂纳·卡贝（1788—1856）、弗朗苏斯·巴贝夫（1760—1797）认为私有制是秩序和正义的敌人，提倡极端平均主义，呼吁由国家指挥、组织一切社会经济生活领域；圣西门（1760—1825）和其学生主张有计划地引导社会进步，认为这是人类实现公正的自我解放之路；圣西门、欧文等认为，成立合作性质的共同生产和生活的集体是具有社会主义性质的社会形式的基础。

在马克思、恩格斯看来，进行这类描述和说明的理论都属于空想社会主义。马克思、恩格斯只是从对资本主义经济制度的批判性分析中来说明"走向社会主义"的必然性,但并没有对社会主义社会的未来图像做出细致的描述,更没有对社会主义经济的结构和运行做出说明。建设一个每个人都能获得全面发展的自由社会,是马克思、恩格斯的共同心愿。他们之所以批判资本主义制度,就是因为这种制度不可能形成这样一种自由的社会。以私有制为基础的自由资本主义确实给人们带来了某种自由:"实现劳动力买卖的商品流通领域,确实是天赋人权的真正乐园。那里占统治地位的只是自由、平等、所有权和边沁。自由!因为商品的买者和卖者的活动并没有受到强制,相反地,他们只取决于自己的自由意志。他们都是作为拥有同样权利的自由人缔结契约的。契约是他们的意志借以得到共同的法律表现的结果。平等!因为他们彼此只是作为商品所有者发生关系,用等价物交换等价物。所有权!因为他们都只支配自己的东西。边沁!因为双方都只顾自己。使他们连在一起并发生关系的唯一力量,是他们的利己心,是他们的特殊利益,是他们的私人利益。正因为人人只顾自己,谁也不管别人,所以大家都是在事物的预定的和谐下,或者说,在全能的神的保佑下,在各自的家中为各自劳动,同时又是为着全体有利的事业、共同的利益而劳动"[①]。但是,这种自由和平等的背后还存在"资本雇佣劳动"这种残酷的权力,使人们陷入一种更深层的奴役之中——人的异化。这种权力使生产的过程和对劳动者的安排都完全服从于资本追求利润最大化的利益。因此,资本主义甚至在其最纯粹的形式上也不简单的是一种交换体系;它始终也是一种雇佣体系。虽然民主制度的形成和发展使人们燃起了政治自由的希望,但是在马克思、恩格斯时代,选举权并没有普及所有的成年人,且一直受到上层阶层的控制。因此,马克思斥其为"虚伪的资产阶级民主"。

马克思的最伟大之处在于,他在这些事实中看到了自由资本主义孕

[①] 《资本论》,根据作者修订的法文版第一卷翻译,中国社会科学出版社1983年版,第161页。

育着自身崩溃的种子：资本主义生产的内在规律必然会使资本主义走向这样一种结局，"资本的垄断成了与这种垄断一起并在这种垄断的庇护之下成长、繁盛起来的生产方式的桎梏。劳动的社会化和劳动的物质资料的集中已经达到了它们的资本主义外壳不能再容纳它们的地步。这个外壳就要炸毁了。资本主义所有制的丧钟敲响了。剥夺者自身就要被剥夺了"。[①]

代之而起的将会是一种什么样的社会形态呢？马克思、恩格斯冷静的智慧和理性使他们没有具体描述这种社会形态，否则岂不陷入空想社会主义？虽然如此，马克思主义者仍然从马克思和恩格斯认为制约着资本主义发展的那些基本因素中在逻辑上推论出未来社会主义的某些基本特征。进行这种理论努力的第一批人，就有苏联的政治家和学者。因为，作为十月革命中诞生的第一个社会主义国家，苏联一开始就面临如何建设社会主义的实践问题。虽然人们对"什么是社会主义"的问题在理论上已有很长的历史探索，但是没有任何的实践经验。于是，苏联的政治家和学者只能从马克思、恩格斯经典著作的某些提示中寻求启示。

自然地，人们也注意到，按照马克思、恩格斯的严格论述，未来社会的经济形态应该从成熟的资本主义母体中自然地分娩出来。但是，十月革命之后的苏联却必须在"不成熟的"条件下成为实践这种未来经济形态的开路先锋。为了弥补这种理论与实践之间存在的距离，早在十月革命之前，列宁就非常重视对马克思《哥达纲领批判》中关于未来社会的两个阶段（共产主义的初级阶段和高级阶段）思想，并把第一阶段的社会经济结构定义为"社会主义"。这两个阶段的差异主要在于："高级阶段"实行"按需分配"，劳动成为"生活的第一需要"；初级阶段还必须实行"按劳取酬"，按照列宁说法，"整个社会将成为一个管理处，成为一个劳动平等、报酬平等的工厂"[②]。那么，这种社

[①]《资本论》，根据作者修订的法文版第一卷翻译，中国社会科学出版社 1983 年版，第 826 页。

[②]《列宁选集》第三卷，人民出版社 1972 年版，第 258 页。

会主义经济的基本特征是什么呢？对此的解释在布哈林和普列奥布拉任斯基的《共产主义ABC》（1919）中得到经典的表述。

在这种经典社会主义理论模式中，生产资料的公有制是第一公设，是所有经济分析的出发点。在《共产党宣言》里，马克思、恩格斯强有力地宣布："共产党人可以用一句话把自己的理论概括起来：消灭私有制"①。

按照对这一经典的正统诠释，生产资料的社会所有制或公有制将会为恢复现代生产力和生产关系（经济制度）之间的"适应"提供最根本的基础。根据这种理论，生产资料的社会化会使劳动转化为"直接社会性的"劳动，即以直接的方式来满足社会的需要，而不是像资本主义那样，劳动是"间接社会性的"，在劳动的使用与社会需要的满足之间楔入私人谋利的因素。

经典社会主义理论模式的第二个公设是"有意识的中央计划"。马克思认为，资本主义让竞争和供求波动来决定生产，不可避免地会导致"生产上的无政府状态"。这种无政府状态将不可避免地反复制造大量的资源浪费、严重的社会和经济的不稳定。而且，这种资本主义市场制度依赖于竞争性的、谋取个人利益的动机，依赖于不仅把利益冲突合法化而且还鼓励这种冲突的动机，不可能是社会合作的最有效率的和最人道的形式。一旦消灭私有制之后，"生产资料的全国性的集中将成为自由平等的生产者的联合体所构成的社会的全国性基础，这些生产者将按照共同的合理的计划自觉地从事社会劳动"②。在《资本论》中，马克思写道："社会化的人，联合起来的生产者，将合理地调节他们和自然之间的物质交换，把它安置在他们的共同控制之下，而不让它作为盲目的力量来统治自己；靠消耗最小的力量，在最无愧于和最适合于他们的人类本性条件下来进行这种物质交换。"③ 恩格斯也预言，"一旦社会占有了生产资料，商品生产就将被消除，而产品对生产者的统治也将随之

---

① 《马克思恩格斯选集》第一卷，人民出版社1972年版，第265页。
② 《马克思恩格斯选集》第二卷，人民出版社1972年版，第454页。
③ 《资本论》第三卷，人民出版社1975年版，第926—927页。

消除。社会生产内部的无政府状态将为有计划的自觉的组织所代替。生存斗争停止了。于是，人才在一定意义上最终地脱离了动物界，从动物的生存条件进入真正人的生存条件"①。

根据上述两个基本命题，正统马克思主义者得出的一个基本结论就是：比之资本主义，社会主义不仅会有更高的经济效率，而且能实现更合理的道德目标。特别地，生产资料的公有制不仅具有工具价值，带来更高的经济效率，而且，它本身还具有内在的价值，消除"人的异化"！

对于"公有制＋计划经济＝社会主义"这种正统的注解，即使是在马克思主义者内部，也不是没有争议的。早在19世纪末期，德国的伯恩斯坦等就对未来社会主义经济将消除市场的传统观点提出批评。十月革命之后，考茨基和奥托·鲍威尔等社会民主党人也认识到市场对社会主义经济运行的意义。自然地，这类观点是非主流的。

事实上，所有类型的社会主义思潮都把消灭人剥削人的制度作为目标，主张生产资料公有制，有计划地引导社会经济的发展，实现社会公平。

第二节 经典社会主义的实践模式

社会主义实践在苏联是在一种艰难的处境中开始的。新政权一成立就遭到外部军事干涉和国内军事政变的冲击，被迫实行"战时共产主义政策"。随着社会主义实践过程的正式开始，列宁直言不讳地说："要论述一下社会主义，我们还办不到；达到完备形式的社会主义是个什么样子，——这我们不知道，也无法说"②，又说："现在一切都在于实践，现在已经到了这样一个历史关头：理论在变为实践，理论由实践赋予活力，由实践来修正，由实践来检验"。③ 他还说，"对俄国来说，根据书本争论社会主义纲领的时代也已经过去了，我深信已经一去不复

---

① 《马克思恩格斯选集》第三卷，人民出版社1972年版，第323页。
② 《列宁全集》第34卷，人民出版社1985年版，第60页。
③ 《列宁全集》第33卷，人民出版社1985年版，第208页。

返了。今天只能根据经验来谈论社会主义。"①

一 "新经济政策"制度

正是从这样一种实事求是的立场出发，列宁在十月革命以后领导社会主义建设的 7 年间，多次修正自己的观点和更改原来的设想、计划或行动方案。例如，1921 年 12 月在列宁主持召开的俄共（布）第十一次全国代表会议上通过了决议，强调领导经济工作，"必须从市场的存在出发并考虑市场的规律，掌握市场，通过有系统的、深思熟虑的、建立在对市场过程的精确估计之上的经济措施，来调节市场和货币流通。"决议还强调"不健全市场就不可能迅速恢复大工业"，"集中于工人国家手中的国有化工业必须适应市场条件和市场上的竞争方法，以争取决定性的统治权"。"经济核算制应该是经营所有国营工业的基础"。列宁把上述新认识归纳为"向社会主义过渡的新道路"。他说，这条新道路不仅必须经历"一系列过渡阶段"，而且"不摧毁旧的社会结构——商业、小经济、小企业、资本主义，而是活跃商业、小企业、资本主义，审慎地逐渐地掌握它们，或者说，做到有可能只在使它们活跃起来的范围内对它们实行国家调节"。②

正是在实施新经济政策的基础上，经过几年实践和理论探索，列宁对社会主义与市场关系的认识发生了重大变化，用他在《论合作社》中的一句话来概括，就是"我们对社会主义的整个看法根本改变了"。③那么，有哪些根本改变？那就是认识到：社会主义的经济建设还必须充分利用市场和资本主义经济成分。

新经济政策始于 1921 年年底，持续存在 8 年。它并不是按照事先拟定好的蓝图而是根据自身的内在逻辑而自发地获得发展的。到 1923 年年底，用当时的术语来说，国营成分控制着经济命脉（大型企业，包括整个重工业、交通运输体系、银行系统），掌握着对外贸易的垄断

---

① 《列宁全集》第 34 卷，人民出版社 1985 年版，第 466 页。
② 《列宁选集》第四卷，人民出版社 1995 年版，第 611 页。
③ 《列宁选集》第四卷，人民出版社 1972 年版，第 687 页。

权。在工业中，私人企业占企业总数的88.5%，但所雇用的工业劳动力只占12.4%；国营企业的雇用比例则占84.1%①；在农业中，虽然土地在原则上仍然属于国家所有，但对农民作用土地的权利给予保证，在此基础上，出现2500万个小农户；在商业领域，虽然国营企业和合作社占了很大比重，但在零售和批发业中仍存在大量的私商。

新经济政策的实施使俄国的经济很快到1926年就恢复到"一战"前水平，但同时也带来了思想危机。市场关系的发展和大量小农的存在使一部分人担心，继续实施新经济政策会导致社会主义成分的蜕变，认为其间包含着危险的因素。于是，新经济政策是把俄国引向资本主义还是社会主义的问题，引发了人们的争论。这场争论在党内体现为左派和右派两种不同意见的争论。有一部分人认为，新经济政策只会削弱无产阶级的意志，主张进行"一次最后的革命"，即彻底消灭小农经济和资本主义成分。这种左派言论的主要理论代表是普列奥布拉任斯基和皮达可夫。这两位经济学家认为，这类政策是实践上的机会主义和理论上的修正主义。但在1929年之前，这种观点一直处于官方思想主流之外。

作为官方最权威的理论家，布哈林认识到，需要给这种政策提供新的理论基础。最初，新经济政策就是作为"一种暂时的让步"提出来的，而且许多人也是这样认为的。布哈林力图说明，虽然这种政策是过渡性的制度，但由于过渡将是一个很长的过程，因而它不是一种"退却"，而是通向社会主义的必由之路。他的这种思想在其《走向社会主义之路和工农联盟》（1924）中得到较完整的表述。这种思想被称为"和平长入社会主义"论，既内含建成完全的社会主义是一个长期性的渐进过程的观点，也包含这个过程的有机发展的辩证性质，这无疑对正确认识社会主义发展所处的历史阶段和如何选择合理的经济政策提供了直接的启示。诚如苏联学者C.B.察库诺夫所指出的，"和平长入社会主义"论是"新经济政策作为在新的社会政治和经济条件下向社会主

---

① 斯蒂芬·F. 科恩：《布哈林政治传记》，徐葵译，东方出版社1988年版，第182页。

义过渡的理论的逻辑出发点"。①

随着新经济政策的良好效果的显现,特别是到20世纪20年代中期,虽然其中也存在投机倒把等不良现象,党内各派至少在表面上还是形成了一个相对一致的看法,即新经济政策是向社会主义过渡的适宜政策。例如,虽然普列奥布拉任斯基在其《新经济学》（1984［1926］）中认为,布哈林有狂妄的复辟思想,所倡导的是走向社会主义的"蜗牛运动",但这位非常有影响力的左派经济学代言人著名的"社会主义原始积累"纲领也是在预设存在小农经济和市场关系的基础上阐述的。甚至连斯大林,也在1926年第十次代表大会上为布哈林辩护:"我们现在赞成,我们将来也赞成布哈林"。官方直到1929年4月发表的一篇社论中仍然说,"新经济政策是唯一正确的社会主义道路"。可以说,这是当时官方公开的意识形态。

然而,从1929年8月开始,所有官方的媒体对新经济政策所倡导的那种较宽容的政策倾向展开了一次正式的批判运动,将其思想视为"布哈林主义的自由主义"。同年11月,斯大林在《真理报》上发表文章,宣布农业上的"大转变"和"自上而下的革命",要求立即进行全面实现集体化的动员令,这敲响了新经济政策的丧钟。

可以说,引入市场因素的"新经济政策体制"随着"社会主义建设运动"的展开而结束;而且,对于社会主义是否应该纳入市场的争论,也由于政治的原因而在20世纪30年代停止了。所有涉及新经济政策的核心问题的公开争论停止了,剩下的只是对社会主义计划理论的兴趣日趋浓厚。即使是对于计划问题的争论,也只是关乎计划工作方法问题。虽然计划与市场的结合问题不时被提出,但此后直到50年代,此问题几乎无人问津。

二 "苏联模式"

"苏联模式"是斯大林时期形成的世界上第一个建设社会主义的模

---

① 转引自 B. B. 茹拉普列夫主编《布哈林——人、政治家、学者》,尤开元等译,东方出版社1992年版,第232页。

式。苏联在20世纪20年代末至30年代初开展全盘农业集体化和向所谓"资本主义"的全面进攻，到1936年宣布已经建成"社会主义"时，形成了一种高度集中的计划经济模式。文献通常把它称为"苏联模式"或"斯大林模式"。这种模式是以整个经济的计划化为基本特征的。在这种模式中，集中化的计划管理不仅指中央制定宏观经济的数量指标，而且将中央计划指标分解为部门（各部）、中间层次的经济目标，然后，在微观经济层面上再分解为指令性指标下达给企业。中央及其下属机构的经济决策以详尽的指令形式对企业经济活动的所有重要方面做出规定，包括产量、生产结构、生产方式、供应渠道和流通渠道、价格等。货币不是对再生产过程中真实要素的配置起积极作用的一种工具，仅仅只是一种消极的反映。第二次世界大战之后建立的社会主义国家基本上都属于这种模式。

对这种模式在理论上的合法性的经典表述，是斯大林的《苏联社会主义经济问题》和苏联科学院经济研究所主编的《政治经济学教科书》。这两部论著对社会主义国家的经济思想和实践有巨大的影响，试图为改革提供新的理论依据的人们首先面临的就是如何冲破其中的教条。与我们这里所要讨论的问题直接相关的核心论点有三个：第一，社会主义是建立在生产资料公有制基础上的一种体制；第二，有计划按比例发展是社会主义经济的基本规律；第三，社会主义经济中之所以还存在商品和货币关系，仅仅是因为还存在两种公有制形式，而且，这类关系主要限于个人消费品方面，因此，价值规律只能起有限的作用。

自然地，这些观点的形成有一个发展过程。可以说除第一个观点几乎没有争议外，其余两种论点都是在较激烈的争论中形成和发展起来的。第一个论点之所以没有多少争论，是因为通过20世纪30年代上半期的"社会主义建设"运动，苏联已经全面建立起了生产资料公有制，实践没有给出争论的余地，至多也只是出现了对国家（全民）所有制和集体农庄合作社所有制两种公有制的比较、将集体农庄合作社转变为国有农场等的探讨。

争论较大的是第二个论点。在20世纪20年代和30年代之交，整个苏联经济科学的发展发生了根本性的转折,经济学家已从过渡时期社会主义计划与市场的争论转向如何把计划理论与社会主义建设实践密切结合起来。遗憾的是,30年代,在社会主义经济规律问题上,主观主义流行,甚至否认经济规律,有的经济学家认为"我们的计划是'反对向客观规律看齐的'"。① 许多经济学家都把计划性只归结为编制计划。第一个和第二个五年计划成功实施,社会主义计划经济优越性问题的论述在经济文献中开始占据显著位置。40年代的经济文献开始广泛讨论计划性的本质及其表现形式,不过,主观主义观点仍然没有被克服,当时,相当一部分经济学家否认经济规律的客观性质,认为计划工作本身就是经济规律,这种观点直至50年代初,在经济科学中一直居统治地位。1951年关于政治经济学教科书的讨论会的最大成果之一就是承认社会主义经济规律包括有计划、按比例发展规律的客观性质,不过,计划性和比例性的关系问题等仍然没有解决。它的理论根据是马克思关于节约劳动时间和有计划地分配劳动时间规律的论述。其中,值得注意的理论成果包括最优计划理论。

在这三个论点中,争论最激烈的是第三个论点。既然市场关系在过渡时期被理解为是那时苏联存在大量的小农经济的相关物,那么,20世纪30年代农业完成集体化之后,商品生产的命运问题自然被提上议事日程:是保持还是取消?应该承认,在党内教条主义者要求实行直接的产品交换的一片喧嚣声中,斯大林发挥了重要的正面作用。他严厉批评了那些否认苏维埃上也存在价值的"左派清谈",指出:"他们不懂得,虽然货币是资产阶级经济的工具,但是,苏维埃政权已经把这种工具掌握在自己手中,并使之适应社会主义的利益,以便全力扩展苏维埃商业,从而为实行直接的产品交换准备条件。他们不懂得,产品交换只有在苏维埃商业办得尽善尽美的时候才能代替苏维埃商业,而办得尽善尽美的苏维埃商业现在我们根本没有,并且也不会很快就有"。②

---

① 特里福诺夫、希罗科拉德:《社会主义政治经济学史》(中译本),商务印书馆1994年版,第235页。

② 《斯大林全集》第13卷,人民出版社1956年版,第304页。

如果说，20 世纪 30 年代斯大林关于商品生产和社会主义的观点还不是十分成熟、系统，那么，到 50 年代，它已经发展成一个比较完整的体系，语言表述也更为精炼。这个体系比较集中地表现在斯大林最后一部著作《苏联社会主义经济问题》中。鉴于此书对后来各国（包括中国）社会主义理论和实践发生过重大的影响，有必要在这里相对详细地考察一下它的观点和内容。

其中比较重要的观点有：第一，社会主义条件下商品关系的存在有两种不同的公有制形式。斯大林说："现今在我国，存在着社会主义生产的两种基本形式：一种是国家的即全民的形式，一种是不能叫作全民形式的集体农庄形式"，"这种情况就使得国家所能支配的只是国家企业的产品，至于集体农庄的产品，只有集体农庄才能把它当作自己的财产来支配。然而，集体农庄只愿把自己的产品当作商品让出去。愿意以这种商品换得它们所需要的商品"①。

第二，社会主义特种商品论。这是从第一个论点必然推论出的结果。既然国家能够支配国营企业的产品，这就意味着这一部分产品不是商品。而能够成为商品的，只是社会全部产品的一部分。换言之，在社会主义"特种商品生产"条件下，只有消费品才是商品，而生产资料不是商品。与此相对应，价值规律只能在消费品领域发挥非常有限的作用。

第三，社会主义时期的商品生产不会走向资本主义。斯大林认为："只有存在着生产资料的私有制，只有劳动力作为商品出现于市场而资本家能够购买它并在生产过程中加以剥削，就是说，只有国内存在着资本家剥削雇佣工人的制度，商品生产才会引导到资本主义"②，而社会主义显然不存在这些条件。

苏联科学院经济研究所主编的《政治经济学教科书》（1954）中作了类似的解释：由于社会主义工业和集体农庄之间的分工，以及社会主

---

① 斯大林：《苏联社会主义经济问题》，人民出版社 1961 年版，第 11—12 页。
② 同上书，第 10—11 页。

义所有制两种形式——国家所有制和合作集体农庄所有制的存在,所以在社会主义经济的这两个基本部门间商品生产和商品关系是必要的。

虽然影响巨大的斯大林的《苏联社会主义经济问题》承认社会主义存在商品经济的必要性,但其理论的核心仍然是视市场为与社会主义本质不相容的东西,把商品、货币的存在视为计划经济的附属物,属于要被消灭的旧社会经济形态的遗存物。

第三节 "社会主义经济核算争论"

正如前面所述,作为第一个面临社会主义建设的国家,苏联一开始就面临如何配置资源的问题。但是,引入市场因素的"新经济政策体制"随着"社会主义建设运动"的展开而结束;而且,对于社会主义是否应该纳入市场的争论,也由于政治的原因而在20世纪30年代停止了。正当苏联禁止这些问题的讨论时,西方经济学界却以"社会主义经济核算"的名义进行着非常激烈的争论。

争论源自路德维希·冯·米塞斯（Ludwig von Mises）于1920年发表的论文"社会主义共同体中的经济核算"和1922年出版的《社会主义》。他所提出的挑战是:如果没有私有财产制度和以此为基础的市场价格,社会主义如何有效配置资源呢?在这场论战之中,米塞斯、哈耶克等断然否定了社会主义能够进行合理的经济核算和有效的资源配置的可能性;泰勒、兰格等则利用新古典一般均衡理论,提出了将市场与计划相结合的社会主义模式设想;而以莫里斯·多布为代表的一些正统马克思主义经济学家也被争论所吸引,并以坚决反对把市场引入社会主义的立场加入争论。

一 某些先驱者

马克思主义者在19世纪末和20世纪初虽然就如何实现社会主义发生过激烈的争论,但那些争论基本上都属于如何从资本主义社会走向社会主义社会的道路问题,很少涉及社会主义社会建成之后其经济如何具体运行的问题。无论社会主义者还是非社会主义者，都普遍没有认真考虑过社会主义如何实现资源的有效配置。社会主义者内部，有些人只是空泛地谈论一种没有剥削的伊甸园社会即将实现；有些人却把对未来社会主义社会的设想批评为"非科学的"。一部分非社会主义者把他们的精力用于指责社会主义社会最终将是一种专制，在这种专制中，国家将拥有、生产和分配每一种东西，所有的人都将是极权国家的奴隶；另一部分非社会主义者则警告说，私有财产的消灭将会威胁到生产和进步，因为，劳动和报酬之间不存在直接的联系。总之，社会主义者和非社会主义者几乎没有从根本上触及社会主义计划者如何在经济的各产业之间配置稀缺资源。唯一的例外是巴罗内、帕累托这两位非马克思主义者的经济学家，他们力图证明社会主义计划经济能否实现经济效率。

帕累托在其著作《政治经济学教程》（1906）中，把"最优状态"原理运用于社会主义配置资源的讨论。他得出的结论是：首先，在社会主义制度下，一个"社会主义生产部"可以实现资源的最佳配置。其次，社会主义计划经济可以取得与资本主义市场竞争所创造的相同的结果，即若达到最优状态，则可实现社会福利的最大化。最后，市场机制和计划机制都能达到最优状态，只不过求解经济均衡方程的方式有所区别，市场机制通过市场竞争求解，计划机制通过科学核算或计划求解。这意味着配置资源的效率和形式并不取决于社会经济制度。

其后，巴罗内对帕累托的观点进行了具体论证。在《集体主义国家的生产部》（1908）等文中，他系统研究了集体主义制度下达到资源最优配置的必要条件，并建立了非竞争性的以最大集体福利为目标的集体主义均衡状态方程组，用以区别个人自由竞争方程。他认为社会主义是含有商品经济成分的，资源合理配置不一定直接通过市场竞争机制，但可通过实验方法和数学模型间接地模拟而达到。社会主义可以通过反复试验的方法求解经济均衡方程组。不论经济制度怎样，都可以而且必须通过反复试验的方法找到均衡价格。

另外，瑞典学派的代表人物维克塞尔1889年的著作《价格理论大纲》批判了帕累托的理论。维克塞尔分析研究了社会主义制度下生产要素的价格、利率和工资的决定以及与决定价格有关的问题，并对比分析了社会主义制度下价格的决定和资本主义制度下的价格机制。他认为，人类社会有史以来，不存在不使用货币进行交换的社会，而社会主义经济也必然是货币经济。社会主义的基本缺陷是不可能用正确的价格决定生产要素的利用，所以也就不可能合理地配置资源，有效地组织生产。

这些对于社会主义实际运行方式的思考和讨论无疑构成了后来20世纪30年代大争论的前导。

二 争论的经典过程

米塞斯在20世纪20年代初写作时，知道的仅限于维克塞尔和庞巴维克的观点，并不了解帕累托和巴罗内的观点。他也不知道苏联刚开始实施的"新经济政策"及其后发生的争论。事实上，他直接针对的是那个时候流行于德语世界的社会化方案。具体地说，他1920年的那篇论文直接针对的首先是当时的奥地利经济学家奥托·纽拉斯（1882—1945）[1]。纽拉斯呼吁以战时模式为基础，实行经济的社会化。他在1919年出版的《通过战时经济走向实物经济》中表述了如下观点：第一，战时经验证明了对复杂的经济实行有效的中央计划是可行的；第二，虽然战争已经结束，但是对公正的关切要求继续实行这种计划。其中，在理论上引起最大争论的因素是：纽拉斯坚信用非货币的统计方法就可以有效地管理一个计划经济体系。具体地说，就是从物理的角度核算物品的投入与产出，用计算人口和社会变量的统计学决定社会需求，借此摆脱货币市场体系的无序状态。

在《社会主义共同体中的经济核算》一文中，米塞斯批评说，社会主义者仅仅指出资本主义的缺陷是不够的，还必须说明社会主义社会如何有效地进行组织和管理经济："很多社会主义者根本就没有搞清楚

---

[1] 参见布鲁斯·考德威尔《哈耶克评传》，冯克利译，商务印书馆2007年版，第五章。

经济学问题。他们从来没有试图对决定人类社会之性质的条件形成清晰的认识。他们充分自由地批评自由社会的经济结构,但却从来没有也像这样敏锐地批评备受争议的社会主义国家的经济。在乌托邦主义者描述的光辉灿烂的图景中,经济学实在是太贫乏了。他们千篇一律地解释着,在他们所幻想的仙境中,烤鸭会怎么样飞到同志们的嘴边,他们却从来没有讲过,何以会有这种奇迹?"①

米塞斯所提出的问题核心是:社会主义者,一旦获得政权和实施所有生产资料的国有化方案之后,他们的中央计划者如何理性地把稀缺的生产资料配置于各种用途之中,从而,有效率地提供比资本主义那种竞争性的生产"无政府状态"更丰富的物品和劳服的供给?他争辩说,在市场经济中,通过对生产资料在各种用途之间的竞争性定价,能够对生产资料做出可核算的相对评价。但是,在社会主义经济中,由于消灭了私有制和自由交换市场,社会主义计划者根本就没有把稀缺的资源配置于各种竞争性用途的理性方法。他的基本结论就是:哪里没有市场,哪里就没有价格体系;哪里没有价格体系,哪里就没有经济核算。

最早对米塞斯的观点做出直接回应的是德语世界的学者,他们提出了各种社会化方案。在德语世界中,争论的焦点是:生产资料的公有制形式是否会影响资源在各种生产用途之间的有效配置?例如,奥地利学者卡尔·波兰尼(Karl Polanyi, 1922)认为,工团社会主义就可以解决米塞斯提出的问题。虽然国家是生产资料的所有者,但它可以把使用权留给工人选出的联合会,并让联合会以产品所有者的身份参与交换,由此就可以形成市场和市场价格。再如,德国的非马克思主义的社会主义者道尔在《计划经济与市场经济》中推崇让市场价格在资源配置中发挥一定作用的市场社会主义②。

促使这场争论走向英语世界的,是泰勒(Taylor)于1929年就任美国经济协会会长的演讲、迪金森(H. D. Dickinson)的"社会主义社

---

① 艾伯斯坦:《哈耶克传》,秋风译,中国社会科学出版社2003年版,第87—88页。
② 参见考德威尔《哈耶克评传》,冯克利译,商务印书馆2007年版,第138—140页。

会的价格形成"（1933）。在 20 世纪 30 年代英语世界争论中，重点问题转向了价格的形成。迪金森重拾巴罗内的观点，认为瓦尔拉斯提出并用于分析资本主义经济选择的一般均衡逻辑，也适用于社会主义。假设中央计划当局掌握了所有相关的资料和知识，就可以核算出价格和应该生产的商品数量。哈耶克的加入，使这场争论在英语世界中更加激烈。1935 年，他编辑和出版了《集体主义的经济计划》一书。书中收录了米塞斯、皮尔森、巴罗内等的论文的英译文，以及哈耶克本人所写的导论和结语。他在反驳迪金森的观点时列出了与"数学方案"有关的难题：建立和核算出一个能反映现代经济的复杂方程组的困难。其中包括需要收集无以为计的信息，以及根据不断变化的情形做出调整的困难。因此，他认为，这类"数学方案"都是不可行的，无法复制出像竞争性自由市场那样对供给和需求变化做出反应并自动做出调整。

对哈耶克进行回答的最有影响者是兰格。兰格（Lange，1937—1938）、勒纳等虽受新古典经济学的熏陶，但对社会主义抱有同情。他们把社会主义经济定义为"商品生产的社会化"。在《论社会主义经济理论》（1937—1938）中，兰格在泰勒、迪金森等理论的基础上，进一步指出，中央计划当局可以运用"试错法"模拟市场过程，制定出使整个经济走向均衡的影子价格。他所设想的社会主义经济体系，将保留消费品和劳动力的自由市场，但实行生产资料公有制，让中央计划当局承担估计"参数价格"的职能。中央计划委员会可以按照一般均衡的思路，设定出等于边际成本的生产资料价格，作为企业决策的基础，模仿完全竞争经济条件下的行为，最终实现资源的有效配置。就这样，兰格等把哈耶克的挑战简化为如何计算出均衡价格的问题。

这种论证是在以均衡论为核心的新古典经济学结构中完成的。新古典经济学假设，其模型中的市场参与者掌握了关于问题情景和结构的大量知识，知道自己的效用或生产函数，也知道实现自己的效用或利润最大化的所有知识。最大化所要解决的仅仅是隐含在数据中的数学问题。基于这些假设，再加上一些分析技术性的假设，在理论上，就可以解出一个均衡价格的矢量，它能保证资源的配置达到帕累托最优。兰格的论证遵行的正是相同的思路:既然自由市场实现均衡的证明需要这些假设,那么,我们也可能做出类似的假设,即假设中央计划委员会是全知的机构,充当着瓦尔拉斯模型中的拍卖者角色,通过试错的方式,找出一组均衡的影子价格,从而实现资源的有效配置。在这种意义上,兰格等解决方案的数学论证是有说服力的。① 在这种意义上,兰格的"市场社会主义"实质上是新古典社会主义。

哈耶克逐渐意识到并发现自己无法在新古典主义经济学的范围内有效回击兰格等的反驳,于是走上了与新古典主义经济学决裂的道路。在他看来,均衡理论所描述的,至多只是社会学习过程的终点状态。问题是,这种理论对可能导致均衡结果的竞争性过程中所发生的社会学习过程从来就没有给出一个令人满意的说明。在"经济学与知识"(1937)、"社会主义计算:作为一种解决方法的竞争"(1940)、"知识在社会中的运用"(1945)、"作为一种发现过程的竞争"(1968)这一组论文中,他逐渐提出和完善了他对经济学的原创性贡献:价格体系是一种高效率的信息收集和交流机制,其间隐含着参与者个人的"默会知识"。这一观点不仅使市场的"无形之手"这一高度抽象的形象变得更为具体和明确,更重要的是对价格机制问题所做出的重大创造性的引申和补充。哈耶克强调市场的动态性质:价格所传递的信息的特殊性,以及要充分利用这种特殊信息所需要的独特机制(竞争过程)。于是,对市场制度的正当性的论证,转而基于这样的事实:自发地形成的价格能够使私人拥有的分散化的、经常是"默会知识"为社会所用。相对来说,经济计划只能基于可明确表述的知识,不可能利用分散于个人之中的大量知识,因而不可能实现资源的有效配置。

参与这场争论的第三方是英国马克思主义经济学家多布(Maurice Dobb)。他在《经济理论与社会主义经济问题》(1933)一文中认为,迪金森用均衡理论来讨论社会主义与价格制度的结合问题本身就犯了一个根本性的错误。因为,在多布看来,社会主义经济的本质特征是计划

---

① 史树中:《诺贝尔经济学奖与数学》,清华大学出版社2002年版。

经济，本身是与市场制度不相容的。计划经济，正是通过理性的社会计划来创造出一种秩序，取代市场的"无政府状态"，才能充分显示出其优越性。之后，在与其他文稿一起结集出版的《论经济理论与社会主义》（1955）中，多布对兰格、勒纳建立起来的"市场社会主义"理论进行了进一步的批评，认为这种理论只是力图证明通过价格机制实现效率的条件，根本就没有考虑到社会主义对公平的追求。因为这种理论所假设的"给定的初始资源分配"本身就包含不平等的因素。这种不平等在市场中会带来更进一步的财富和收入的不平等。但是，多布的观点并没有引起争论的两个主流方的注意。

三 问题的性质

在西方经济学界，这场肇始于米塞斯著名论文（1920）的论战，经过20世纪30年代和40年代，到50年代初似乎已经结束，学界普遍认为兰格等是胜利的一方。

最具影响力的评论来自柏格森（Abram Bergson）的《社会主义经济学》（1948）、熊彼特的《资本主义、社会主义和民主》（1950）、萨缪尔森（Samuelson）的《经济学》（1948）。他们认为，社会主义计划经济和竞争性市场经济在资源配置的理论形式上是等价的，都可以通过瓦尔拉斯的一般均衡方程组来求解。兰格和勒纳等通过"试错法"寻找均衡价格的"竞争解决方案"，足以从理论上回答米塞斯、哈耶克等对于社会主义理性核算的挑战。

这种评论实质上是基于对迪金森、兰格等遵循的新古典主义分析框架的肯定。当然，米塞斯、哈耶克及其追随者并不认同这种评价。早在20世纪30年代的争论中，看到兰格利用新古典经济学的工具为公有制和计划经济的辩护，哈耶克大感意外。他原以为自己是以公认的"主流"经济学来反驳社会主义的。看到兰格的"一般均衡的市场社会主义"之后，他才意识到主流经济学对市场制度的理解可能存在根本缺陷。为市场辩护的新古典理论假设，所有相关的知识是给定的。基于这些假设，人们可以推论，生产者和消费者是同时实现最大化的。再加上一些分析技术性的假设，从理论上来说，就可以解出一组均衡价格。兰格的论证是，如果市场中实现均衡需要这些假设，那么，一个中央计划局在理论上也可以借助同样的假设来思考如何实现均衡。

哈耶克的思考实际上已经使奥地利学派经济学与新古典主义在对市场本质的理解上的差异得到了充分的表现。但是，20世纪50年代初直到70年代，经济学家一般没有充分认识到这种差异的重要性，仍然立足于新古典经济学的框架来评价这种争论，从而得出有利于兰格模式的结论。但是，对这一结论的反思也是一直存在的。只是这种反思在80年代和90年代才逐渐获得普遍的认可。这种反思的结果完全改变了之前形成的"标准的"评价：奥地利学派似乎获得了全面的胜利。科尔奈1995年的总结代表了原来的改革倡导理论家有点绝对化的新评价，"当50年之后回顾这场争论时，我们能够得出这样的结论：在所有关键的问题上，哈耶克都是正确的。循着兰格路线朝着市场社会主义摸索的改革者们，通过自己国家的惨痛教训也认识到，兰格所提出的希望是美梦一场"。① 与此同时，西方经济学家也对争论进行了重新评价，得出的结论与科尔奈相同。不同的是，由于奥地利学派直接批判的对象——苏联模式的社会主义计划经济——已经不复存在，新奥地利学派的反思直接转化为对新古典主义经济学的批判。

为什么这场争论会持续这么长的时间？为什么对这场争论的评价会形成180度的转变？这有两个方面的原因。第一个原因是实践中社会主义经济体制的演变，使争论双方必须在不同的程度上修正自己的某些看法。第二个原因是理论性的，即争论双方并不是一开始就能够以非常清晰的完善形式表达出自己的观点和论证，从而很容易误解彼此的论点。

例如，在争论的早期，米塞斯、哈耶克都没有意识到自己的理论与新古典经济学有什么不同。在20世纪30年代，他们仍然把自己视为主流经济学的成员。虽然当时存在各种经济学派，但人们普遍认为，所有

---

① 科尔奈：《社会主义体制——共产主义政治经济学》，中央编译出版社2007年版，第444—445页。

的经济学家都有相同的分析结构，从属于同一个群体——新古典经济学。例如，米塞斯在1932年的一次讲话中说，"奥地利学派与盎格鲁—撒克逊学派以及洛桑学派……这些学派的差别仅仅在于它们对同一基本思想的表达方式不同，他们被区分为不同的学派，更多是在术语与表达方式的差异，而不是它们的学说有什么实质性的区别"。①

奥地利学派是在争论过程中逐渐认识到自己与新古典经济学有实质性差异的。哈耶克晚年曾这样总结自己的思想历程："经过了很长的时间，我才发展出一个比较简明的概念。我逐渐认识到，整个经济秩序都是建立在下列事实之上的：价格充当着一种指南、一种信号，它引导我们利用我们根本不认识的人们的力量和天赋，去满足这些我们一无所知的人们的需求。价格是实现经济活动协调的信号。大致说来，这种观念是我的著作背后最重要的思想"。"我花费了差不多50年的时间，才能够用上面那几句话把这种观念比较简明扼要地表达出来"。②

考虑到这种思想状态，难怪兰格坚持用一般均衡的思维方式来回应米塞斯、哈耶克对社会主义经济核算问题的挑战。他在《计算机与市场》一文中认为，电子计算机的出现和发展将使中央计划模拟市场过程变得更简单易行。按照他的分析逻辑，只要能求解表达一般均衡的一组联列方程，我们就能找出有效的中央计划价格。计算机相当于"拍卖者"，用"试错程序"模拟市场过程，成为求解一般均衡的一种自动控制的计算装置。用他的话来说，我们可以把市场视为一种独特的计算机，发挥着求解一组联列的功能。社会主义经济管理者有两种经济核算工具。一种是电子计算机（数字的或模拟的），另一种就是市场。他甚至不无得意地写道，"如果我今天重写我的论文，我的任务可能简单得多。我对哈耶克和罗宾斯的回答可能是：这有什么难处？让我们把联列方程放进一架电子计算机，我们将在一秒钟内就得到它们的解。市场过程连同它的试验似乎过时了，实在可以把它看做前电子时代的一种计算

---

① 引自伊斯雷尔·M. 柯兹纳《米塞斯评传》，朱海就译，上海译文出版社2010年版，第49页。

② 引自艾伯斯坦《哈耶克传》，秋风译，中国社会科学出版社2003年版，第369—370页。

装置"①。

事后回顾,确实可以看出兰格等对市场价格的本质的误解。中央计划者当然可以颁布价格,甚至我们可以假定他们可以按照一般均衡的要求计算出价格。但是,这种计算出来的价格真的能够引导资源走向最优配置吗?不能!利用一般均衡解出的新古典价格不能等价于市场自由形成的价格,因为这两种价格包含的信息是截然不同的。这就是哈耶克的回答。这一回答包含哈耶克对理论经济学最重大的原创性贡献:自由市场中形成的价格,之所以能够引导资源走向有效的配置,皆因为它包含着市场参与者分散化的个人"默会知识"。

为了理解这一论点的理论价值,让我们回忆一下新古典价格理论。价格是如何协调分散化的个人行为,从而实现资源的有效配置的?新古典主流经济学的解释是:在自由市场体系中,生产者并不需要到处奔走,去询问消费者生产什么东西和生产多少,价格传递了这些信息。如果消费者对某种商品的需求超过供给的数量,它的价格就会上行,向生产者发出扩大生产的信号;如果消费者的需求大于供给的数量,价格就会下行,从而给生产者发出压缩生产的信号。事情就这么简单明了而神奇!

在哈耶克看来,我们还需要进一步解释:为什么价格体系能发挥这么神奇的功能?答案就在于价格体系所收集和传递的信息的性质!那就是分散化的个人"默会知识"。何谓"默会知识"?那就是我们内心有所知晓但无法以语言明确无误地表述出来的个人知识,包括两个基本部分:每个人关于自己的各种偏好及其等级排序或结构的感觉知识;个人在面临具体决策时对所处环境及如何运用自己拥有的资源的认识。"默会知识"在生理上源于感觉秩序,存在于思维技巧和行为习惯之中,运用于对特定时空问题的决策。

"默会知识"不同于像经济统计学之类所谓客观的、可以明确和清晰地表达出来的知识。这种"默会知识"的获得依托的是神经元之间

---

① 兰格:《社会经济理论》,中国社会科学出版社1981年版,第183页。

的联系（哈耶克称为"感觉秩序"）。这种联系形成一种哈耶克所谓具有自发特征的感知能力。或者说，感觉秩序充当"默会知识"的载体。以哈耶克的语言来说，"默会知识"产生于我们的感觉经验，蕴涵于个人的"思考技巧"，习惯、秉性、习俗之中无法言传的"诀窍"（know-how），附着于那些容易消逝的"特定时间和地点的知识"身上，属于奥克肖特、波兰尼和赖尔等哲学家所讨论的那种实践知识类型。只有个人面对"特定时空"的具体决策时，这种知识才会获得充分的利用。

根据定义，"默会知识"是以高度分散的、零星的形态存在于个人身上的。如果考虑到这种知识的形态，那么，"正是在这个方面，每个人实际上都要比所有的其他人都更具有某种优势，因为每个人都掌握着可能极具助益的独一无二的信息，但是，只有当立基于这种信息的决策是由个人做出的或者是经过由他的积极合作而做出的时候，这种信息才能够得到运用"。[①] 具体地说，每个人都拥有一套自己的知识，一套通常不能用理论甚至用语言表述清楚的"默会知识"。这是关于每个人关于自己的各种偏好、等级排序和结构的知识，也包括关于自己关于"特定时空"的具体情景的知识。正是这类知识，决定着个人的具体行动。市场让决策过程分散到个人层次，允许个人按照自己的价值观行事并在这一过程中运用自己的知识。

"默会知识"如何被转化为价格形态的显现知识？

这个问题的实质是价格形成问题。虽然只有个人才能够直接利用其"默会知识"，但所有其他人可以间接地利用这种"默会知识"。因为，通过市场过程，价格体系会记录下参与者在市场活动中留下的那些零星的、分散化的"默会知识"，并通过对这些知识进行编码、整合，创新出以价格形态的面目出现的共同知识。或者说，通过市场交换行为，价格以其特有的形态，把个人的"默会知识"转化成一种

---

① 哈耶克：《个人主义与经济秩序》，邓正来译，生活·读书·新知三联书店2003年版，第121页。

所有市场参与者都可以利用的群体性新知识形态。这种新知识可以为所有人利用，从而克服个人的无知，使所有人的"默会知识"转化为显现知识。在这里，我们可以把市场过程分解为两部分——竞争和交换：竞争充当着发现新知识的功能，而交换充当着编码、整合、传递这类新知识的功能。

有效的价格必须反映无数消费者的偏好，而这类偏好是无法事前观察到的。作为一种发现过程，竞争的核心功能就是，迫使企业家在与消费者的互动行为中，发现消费者的偏好和满足这种偏好的有效方法。在事前，企业家并不知道消费者对哪些商品有支付能力的需求，也不清楚这些商品的相对稀缺程度有多大，更不清楚谁能以最低的成本生产出这类商品。所有的这些知识都是通过竞争过程发现的。同时，市场参与者也把自己的"默会知识"投入竞争过程之中。

交换充当发现价格的功能。有效的价格必须充分吸纳市场参与者关于其"特定时空"的"默会知识"，而交换则以其动态的方式，不断地充当着编码、整合、传递市场参与者通过竞争过程发现的各类新知识的功能。具体地说，在市场交换中，生产者和消费者都在不断地对商品进行评估，以便做出新的选择。每一种商品的价值又涉及无数种商品的生产、交换过程，就如同"铅笔的故事"所描述的那样。在这种评估过程中，竞争的压力，使消费者的价值评估，通过生产者的选择行为，得以完整地传递到土地、劳动和资本等要素市场上，从而形成使消费者的偏好传递到整个经济体的价格体系。因此，交换使市场成为一种对竞争过程发现和输入的"默会知识"做出有效反应的制度结构。

在这种意义上，价格是一种非均衡的现象。根本就不存在所谓"正确的价格"，存在的只是一种可以不断修正的状态。价格的形成过程，是市场竞争和交换共同作用的结果。其中，存在一种市场参与者的不断学习过程。依据新古典的资源配置范式，我们是不可能做出这样的理解的。因为，在新古典经济学中，价格理论只是一种抽象的存在，虽然不能说毫无用处，但对价格的形成历来就没有给出一种经济学的解释，存在的只是一种所谓的数学证明。这种范式本身就消解了竞争和交换的真实含义。

概言之，米塞斯、哈耶克的挑战是无法利用瓦尔拉斯一般均衡框架给予回答的。泰勒、兰格及其追随者在设计模拟"拍卖者"以形成价格的社会主义计划经济蓝图时对市场来说非常重要的某些具体问题没有给予足够的重视。这些问题主要包括下述几个方面。

第一，自由交换中形成的价格包含市场参与者拥有的大量分散化个人知识。这些知识具有"默会知识"的性质，包含个人对未来状态的主观评判，是无法以显性知识的形态传递给其他人的。最精明的计划者也不可能获得这类知识并使之融入按照一般均衡模型模拟和计算出来的所谓"均衡价格"。而自由交换中形成的价格机制却可以使这类知识不断内化于价格之中而被所有市场的参与者所利用。

第二，市场是一个动态的竞争性过程，充满各种类型的不确定性；且随着时间的流逝，包括个人关于特定时空的分散化知识也是不断变化的。竞争的本质就是企业家为了争取消费者而应对这些不确定性和不断变化的环境的过程。企业家根据自己对获利前景和机会的判断做出决策，而消费者在他们生产的产品之间的选择决定着他们在市场上的成功与失败。正是在这种不断检验的过程中，市场会形成一种不断拓展的"自发秩序"。这种拓展包含分工和市场的不断扩大。按照哈耶克最喜欢的语言来说，这种自发秩序是"人类行为的结果，但不是人类设计的结果"。

第三，在自由交换的市场经济中，消费者是"上帝"，其选择行为决定私人企业家决策的成败。这种成败的市场检验强有力地约束和激励着企业家的行为。与之相比，计划经济中的社会主义企业经理人员却没有这样一种检验。当然，兰格等争辩说这些经理人员将会被要求以最低成本做出决策。但是，在计划经济体制中，没有一种机制可以确保经理人员做出这样的决策，更何况他们也没有可以做出这种决策的有效信息。

随着"苏联模式"退出历史舞台，所有这些批评都转化为奥地利学派对新古典主义经济学的批评。因为兰格及其追随者是按照这种经济学的逻辑来为计划经济体制辩护的。

最后，提一提下述评论提出的一种有趣但重要的问题。一位对奥地利学派经济学怀有极大的同情的研究者拉沃伊（Don Lavoie，1985）认为，"在我看来，早期奥地利理论家太热心于拥抱新古典经济学，以便结成边际主义同盟，对抗以马克思主义的形式出现的古典价值论的威胁。这使他们不能认识到，在某些问题上，比之于构成市场社会主义理论基础的那种新古典经济学，他们与马克思主义者有着更多的共同之处"。兰格认为，"很清楚，马克思经济学与现代'资产阶级'经济理论各自的相对优点属于不同的'范围'"，"就苏维埃国经济制度的目前管理而言，马歇尔的经济学说显然比马克思主义的经济学说能提供更多的东西。但是，对预测资本主义未来而言，后者肯定是一个更有效的基础"。[①]

四　争论在另一个战场的持续

在20世纪50—70年代，虽然西方经济学界对"经济核算问题"的公开对抗争论已经消失，但它却在苏联东欧国家中以"计划与市场之间关系"的形式再次出现。这种再现是伴随着这些国家对中央集权的计划经济进行改革而发生的。

这涉及对"苏联模式"的评价问题，学界批评者众多。这里不是对此进行综合性评论的适合场所，但我们想指出下述一些事实。苏维埃政权建立后，它所面临的压倒一切的任务是在社会主义条件不成熟的情况下消除经济、社会和文化的落后状态。之所以选择"公有制＋中央集权"的计划经济的经济制度形态，它的思想基础是"运用国家力量来摆脱经济落后状态，达到社会主义所要求的水平"。[②] 在一定的意义

---

① Oskar Lange, "Marxian Economics and Modern Economic Theory", Review of Economic Studies, June, 1935.

② W. 布鲁斯、K. 拉斯基：《从马克思到市场：社会主义对经济体制的求索》，银温泉译，上海三联书店1998年版，第30页。

上，这种模式被证明是成功的。到"二战"前夕，在内忧外患的环境中，苏联的社会经济发展取得了巨大的成就，拥有较完备的工业体系，达到世界先进国家的水平。① 1937 年，它的工业总产值已经超过德、英、法三国，跃居欧洲第一位，世界第二位；在工农业比重中，工业占 77.4%。"二战"后，它迅速恢复了受到战争严重破坏的国民经济并获得进一步的发展。到 1960 年，苏联的空间技术、高能物理水平位于世界前列；拥有完备的工业体系，在一些传统重工业如冶炼业、石油及天然气产业和传统制造业上保持着世界领先水平，经济总量达到了美国的 60%；军事上拥有强大的核武力。这种模式把俄国从一个落后的社会转变成一个现代社会。人民的识字率从 1897 年的 28.4% 提高到 1926 年的 56.6%、1939 年的 87.4% 和 1959 年的 98.5%。在医疗卫生方面，1913—1961 年，外科医生的人数从 23200 人增加到 425700 人；预期寿命从 32 岁上升到 69 岁；婴儿死亡率从 27.3% 下降到 3.2%。同样，在社会服务方面，国家为公民提供免费医疗、养老金、疾病和残疾津贴、产假、带薪休假和儿童补助等。丘吉尔曾这样评价斯大林："他接过的是一个扶木犁的穷国，他留下的是一个有核武器的强国。"这是对苏联模式的一个很好注解。

　　但是，历史也证明这种模式没有通过长时间的检验。特别是，这些成就是以极大的社会经济成本为代价取得的，包括农村集体化过程中的个人权利和自由的缺失，以及粗放型增长方式，等等。因此，早在 20 世纪 50 年代，苏联和东欧社会主义国家的经济学家就开始讨论计划经济与市场之间的关系问题。这次争论实质上是在"兰格们"和"多布们"之间进行的。"多布们"虽然也认同要引入市场因素，但是主张以计划经济制度自我完善的方式进行改革。其中，援引的重要理论之一是最优计划。"兰格们"（所谓"市场社会主义者"）则主张引入市场机制来改革计划经济体制，"药方"包括运用市场的力量、企业自主、正

---

① 在外部，遭到十四个资本主义国家武装干涉，西方列强长期对其存有敌意，必欲灭之而后快，处在全世界资本主义国家的包围和封锁中；在内部，动乱长期存在，先是各种暴动（包括无条件强迫加入"集体农庄"引起的暴动），后是肃反和肃反扩大化带来的混乱等。

确的价格信号、利润激励、间接计划等。争论双方有一个类似的愿望，那就是使计划和市场这两种机制能够弥补对方的缺陷；争议在于以哪种机制为主？

事实上，在社会主义经济中是否应当允许市场机制存在的问题，早在20世纪20年代的苏联经济学界就曾有过激烈的争论。在始于50年代的这场争论中，倡导更多地依靠市场机制的"兰格们"，他们的思想源泉或启示并非都来自哈耶克和兰格等之间的那场争论，更多的是来自对实践中的问题和教训的思考。那场争论确实对东欧经济学家有影响。我们可以看到这样的事实：兰格曾经直接参与波兰的经济改革，与著名的改革理论家W. 布鲁斯在波兰有密切的合作。W. 布鲁斯在思想上受过兰格的极大影响。

从20世纪50年代开始，苏联东欧国家进行了各种经济改革的尝试，虽然程度有差异，但总体的方向是增强市场的作用。这些改革并没有取得预期的效果，到80年代，计划经济的不良后果暴露得更加明显，最终使民众对社会主义优越性丧失了信心。原来倡导改革的苏东经济学家也重新反思这种改革，开始从根本上否定计划与市场相结合的社会主义模式，并对米塞斯、哈耶克在辩论中的观点给予肯定。

第四节 一再出现的"兰格梦"

现在，争论的直接对象——苏联模式的计划经济和市场社会主义已经退出历史舞台，在这种情形下，重新思考这场争论具有什么意义？如果我们完全以传统社会主义实践作为背景来理解这场争论的意义，我们也许不可能从中学到多少知识。事实上，这场争论最终演变为奥地利学派经济学与新古典经济学理解市场制度的思维方式的对抗。如果我们认为新古典经济学已经给市场提供了完善的理解，现在再来回顾这场争论的遗产，也许意义不大。但事实并不是这样的。无人能够否认新古典主义经济学对理解市场运行方面所取得的成就，但也无人能否认它在这方面所存在的理论缺陷和视野的局限性。其中，最为严重的是它无法令人满意地解释市场活动的动态过程及其特征。正是在这种意义上，思考这场争论是非常必要的。

对新奥地利学派的经济学家来说，正是这场争论及其引出的一系列问题，使他们对市场经济的分析不同于新古典经济学，而且更贴近现实。他们把市场经济视为一个动态的竞争过程，在这一过程中，与一种复杂的劳动分工体系相对应的，是同样复杂的知识的"分离"或分散化体系。正是借助竞争这一手段，个人分散化的知识得以通过价格机制而传递到经济的每一个角落，以保证个体的生产和消费计划之间的相互协调。与此同时，市场竞争也是一种发现机制，发现市场中的知识，包括个人的偏好等。新古典经济学的"完全竞争"观念排除了市场协调中的所有"知识"问题。在某种程度上，这些观点也改变了新古典主义经济学家对市场的理解。

对社会主义学者来说，这场争论有特殊的意义。因为正是在这场争论中诞生了"市场社会主义"的理念，并在社会主义经济体制改革和争论中影响着对计划与市场之间关系的思考。我们无法评判兰格等的思想对计划与市场之间关系的思考的具体影响，但是可以肯定这种影响是真实存在的，至少在波兰等东欧国家是如此。

可以说，争论的某些实践背景也并没有完全消失。有一种学术现象，我们可以称为"兰格梦"：计算机及相关技术的发展，让一部分人不断地看到了利用计划经济实现资源有效配置的曙光。兰格于1957年写作的《计算机与市场》被视为这种设想的思想起源。在兰格发表此文之前，苏联经济学家就已经在探讨类似的问题，即数理统计和电子计算机是否能够有效地改善计划？这种提问在本质上不存在不合乎逻辑之处。毕竟，当时必要的数理技术正在稳步发展。这种发展是建立在康托罗维奇、库普曼等所发展的线形规划的基础之上的，包括最优计划理论、投入—产出模型等。与他们不同，兰格允许更广泛的市场存在，只是排除生产资料市场。兰格模式承认市场、货币和交换是社会主义经济的必要组成部分；只是想证明，即使是在公有制基础上，中央计划委员会可以像瓦尔拉斯模型中的拍卖者那样，充当着市场的功能，制定出能实现一般均衡的生产要素（除劳动外）价格，至于其他商品的价格仍然通过正常的市场交换机制来确定。这是市场社会主义的思想起源。

对"市场社会主义"的追随者来说，问题在于：数理统计和计算机技术的发展，能否通过计算出有效价格（而不是把它们留给不完善的市场决定），从而改善市场制度？在对这类问题的争论中，多数经济家认为，这一问题没有什么实际意义。因为，第一，有效的价格必须反映消费者的偏好。这种偏好的数据要比能观察的估计多得多。第二，要计算数以万计的产品价格将面临巨大的计算困难。

之后，随着计算机和信息技术的发展，收集、处理和计算所需的信息问题似乎可以解决，"兰格梦"一再出现。例如，20世纪70年代，英国学者斯蒂芬·博丁顿的《计算机与社会主义》认为，通过利用计算机技术，可以完善计划经济，缩小市场的作用范围。特别是进入90年代以来，随着IT技术和互联网的飞速发展与广泛应用，"兰格梦"也引起了学术界越来越多的关注。再如，1997年，美国学者安迪·波拉克发表《信息技术与社会主义的自我管理》的长文：随着计算机网络的飞速发展与广泛应用，政府可以像商业界、研究机构那样，通过互联网，分享它们的庞大数据库和经济模型工具，向一种实行自我管理的、民主的、高效的计划经济过渡。

近期，大数据时代的来临在中国也重新点燃了某些人的"兰格梦"，所谓的"新计划经济论"又出现在人们的眼中。大数据时代似乎使哈耶克批评兰格模式的两个论据都已经无效：数据的可获得性和海量的计算问题。有学者认为：现代信息生产和处理的高效性正在为"计算社会主义"带来现实的可能性。但也有学人批评说，这只不过是大数据的一种神话。① 从技术上说，大数据确实可以收集与经济活动相关的海量信息（甚至是"全数据"）。但是，大数据根本不是什么真正意义上的全数据，而是有偏的选择性样本数据，很多时候甚至在数据质量上弱于随机抽样的小数据。哈耶克所说的分散的个人知识在很多时候是

---

① 汪毅霖：《大数据时代的经济计算》，《读书》2017年第5期。

一种"默会知识",其在逻辑上不可能被包括大数据在内的任何信息获取技术所得到。退一万步说,即使在大数据时代,我们真的能够通过大数据技术获得计划经济运转所需要的全部信息(甚至包括在逻辑上不可能获得的关于默会知识的信息),我们也不能对大数据在计划经济领域的应用前景盲目乐观。因为市场在本质上并不是一个静态的均衡,而是一个发现和创造的过程。

"兰格梦"的一再出现表明,我们还没有真正学会"社会主义经济核算争论"的理论成果。这一成果就是价格机制的本质问题。利用一般均衡解出的新古典价格不能等价于市场自由形成的价格,因为这两种价格包含的信息是截然不同的。

当然,大数据和相关技术的发展无助于"兰格梦"的实现,不等于说它无助于市场的完善。至少,第一,大数据和相关技术的发展,将有助于有效地降低交易成本。利用市场是有成本的!这是科斯的著名论断。其实,价格作为信息体系,只是为每个参与者能行之有效地调整自己的行动奠定了基础。经济学理论的发展已经证明:仅仅依赖于价格传递的信息并不足以让所有的市场有效率地运行。逆选择、道德风险等现象就是典型例证。正如阿克洛夫(Akerlof)在2001年经济学诺贝尔奖颁奖词所言,我们生活在一个"充满不对称信息"的世界中,单纯的价格机制,再也不能如哈耶克那样自信地保证效率。

第二,大数据和相关技术的发展,将可能挖掘出某些"默会知识",让我们摸到"无形之手"的手指。并非所有的"默会知识"只能通过市场价格来传递。至少,我们应当承认,哈耶克所说的某些"默会知识"是可以通过非市场的方式传递的。例如,那些哈耶克称为个人关于"特定时间和地点的知识"或者说"本地知识":哪里有最好的酒店,何时去那儿最好。这类"本地知识"是以分散的形态存在的,但"应当理解为在实际情况中还未被阐明的知识,而非根本不可阐明的知识"。① 大数据将有助于我们获取某些"特定时空"市场的某些具体的、分散化的零星信息。这类可获得的信息不再具有哈耶克所说的"默会知识"的性质。要注意区分个人的零星知识与真正的"默会知识",大数据可以获得零星知识!

---

① 哈尔蒂·布荣:《自发社会秩序与文化进化》,载格尔哈德·帕普克主编《知识、自由与秩序》,黄冰源等译,中国社会科学出版社 2001 年版,第 117—118 页。

第二章 公开争论的原型

第一节 米塞斯的挑战

1920年，米塞斯发表了《社会主义共同体的经济核算》一文（Mises，1935［1920］），否认社会主义条件下实行经济核算和合理配置资源的可能性，从经济核算的理论层面向社会主义发起了挑战。这篇文章被视为拉开了关于社会主义经济核算问题的大辩论的序幕。正如哈耶克所言，米塞斯"以一种使社会主义这个问题不再可能从相关讨论中消失的方式阐明了社会主义经济学中的核心问题"①。

在1920年的文章之中，米塞斯对社会主义的挑战实际上包括两个方面。其一是在经济核算方面，这是米塞斯的主旨所在；其二是米塞斯还从激励和责任方面进行论证社会主义经济的不可行。在米塞斯看来，生产资料社会化排除了个人的物资利益，是社会主义企业缺乏内在动力的制度性原因。米塞斯否定了把社会主义生产组织的管理者与资本主义股份企业经理的角色简单类比论证。认为这样的论证完全忽视了资本所有者的关键角色，而这种角色是领薪经理无法模仿的。而在最重要的经济核算方面，米塞斯的主要观点是：没有私有财产制度，就不可能有真

---

① 哈耶克：《个人主义与经济秩序》，邓正来译，生活·读书·新知三联书店2003年版，第207页。

正自由的交换和市场；没有自由交换和市场，人们就不可能根据自己的理解对各种稀缺的资源进行合理的估价；没有这种估价即市场价格，也就不能有效率地使用这些稀缺的资源。社会主义希望以社会所有制来取代生产资料私有制，必将导致生产要素市场的缺失，因而，"在这里，以货币进行的核算是不可能的"[1]，社会主义制度也就不可能实现其主要的经济目标——合理的经济计划。用米塞斯自己的话归纳就是："哪里没有自由市场，哪里就没有价格机制；没有价格机制，就不会有经济核算"[2]。因此，社会主义不是别的，正是"对于理性经济的废除"[3]。

重新分析米塞斯1920年的文章，是廓清奥地利学派某些重要概念，并且正确解读米塞斯论据以及整个米塞斯挑战含义的基础。米塞斯的论证过程如下：首先，他阐明了经济理性以及经济核算的本质；其次，他详尽分析了理性经济决策所有可能的方法，也就是经济核算的手段；最后，米塞斯论述了在社会主义条件下无法运用这些方法，因而社会主义是不可行的。

在更详细的分析之前需要明确的是，米塞斯1920年的文章以及随后1922年出版的《社会主义》一书所批判的"社会主义"与我们当前的理解有一定的差异。考虑到米塞斯提出批判正值苏俄战时共产主义时期，而在当时普遍都把计划经济理解为社会主义经济的本质特征，因此米塞斯着力批判的是计划经济。同时，米塞斯又将马克思主义、布尔什维主义、德国和奥地利在第一次世界大战期间的战时计划经济体制等一切具有国家干预倾向的思想和政策，都归于社会主义名下。

一 经济核算的本质

在讨论经济核算的本质问题时，米塞斯首先提出了在个人层次上的经济核算是每个人在经济生活之中对于不同需求的满足做出选择，即价

---

[1] Mises, Ludwig von., 1935 [1920]: Economic Calculation in the Socialist Commonwealth, in *Colletivist Economic Planning*, p. 92.

[2] Ibid., p. 110.

[3] Ibid., p. 111.

值判断。米塞斯认为，对于下游产品（lower order goods），也就是最终消费品，人们能够直接做出判断，不需要实际的经济核算——"通常人们了解自己的想法，能够评价下游商品"①；而在仅仅涉及个人的简单条件下，如漂流孤岛的鲁滨孙，人们也可能能够对上游产品（生产投资品）进行价值判断；但对于一个交换经济体，情况就变得复杂了。在人们相互联系交换复杂的社会之中，经济核算就必须使用商品的客观交换价值作为核算单位。米塞斯认为，在一个许多参与商品生产劳动，并且关心经济利益的个人所组成的共同体当中，对于经济物品的管理控制的分散状态其实就是一种劳动的智识分工（intellectual division of labor）。这种劳动的智识分工必须依赖于某种生产核算系统。米塞斯依据边际效用理论认为不存在商品的主观使用价值单位，但是要进行经济核算就必须有价值单位，这个客观的交换价值单位就是货币价格。

在考虑经济理性的性质时，米塞斯关注的显然是在既定经济资源的基础上生产最大可能的效用问题，也就是如何选择最有效率的生产方法，使生产一定量效用的成本最小。在这里必须注意到，米塞斯当时的论述所表达的经济核算问题，并不区别于当时西方主流经济学界的稀缺资源社会配置观。其实就哈耶克而言，在辩论的初期对此看法类似。他把"经济问题"定义为"把可资获得的资源在不同用途之间进行分配的问题"②。另外，米塞斯在1920年的文章里也明确表达出了奥地利学派与偏爱静态均衡分析的主流经济学的差异——强调经济的动态特性。米塞斯提到"静止状态可以不需要经济核算"③，如果将社会主义经济看作静态的，那么它只需要沿用之前的竞争经济的最终基础即可。然而这只是一种"概念上的可能性"④，米塞斯认为，经济活动的静态性质

---

① Mises, Ludwig von., 1935 [1920]: Economic Calculation in the Socialist Commonwealth, in *Colletivist Economic Planning*, p. 96.

② 哈耶克：《个人主义与经济秩序》，邓正来译，生活·读书·新知三联书店2003年版，第178页。

③ Mises, Ludwig von., 1935 [1920]: Economic Calculation in the Socialist Commonwealth, in *Colletivist Economic Planning*, p. 109.

④ Ibid..

只是为了增进完善我们的经济学知识而做出的理论假设,而不是真实的经济事物的性质。现实的经济是变动不居的,即使我们假设社会主义经济能够从之前的资本主义竞争经济转变而来,它也无法应对无限的变化,从而只能在"可能和可设想的经济组合的汪洋之中挣扎"①。

二 经济核算的手段

要实现资源的有效配置,这就需要理性核算,而选择合适的价值核算单位就成为前提条件。正如米塞斯所说,"尽管商品从来没有一个主观的使用价值单位,价值核算必须依赖于核算单位来进行"②。米塞斯分析了三种可能的经济核算单位:实物、劳动时间以及货币。

对于以实物为单位进行核算,米塞斯认为这在消费品配置领域和非常简单的经济系统之中可以实现。例如,"对于孤立经济中的农民,在扩大牧业与发展狩猎活动之间做出选择并不难。在这种情况下,涉及的生产过程相对较短,很容易算出发生的成本和收益";以及"在家长能够监督全部经济管理的范围狭小的家庭经济中,不必借助智力工具(如货币核算),就能大致正确地确定改变生产过程的意义"③。但是实物计划受到生产过程复杂程度的限制,超过一定限度,便不可能对各种关联因素之间的关系得出全面的评价,也就无法对其资源进行合理配置。因此,以实物为单位的经济核算不能满足社会经济的要求。

在否定实物计划的可能性之后,米塞斯分析了社会主义计划者有无可能在经济核算中使用"客观可认知的价值单位"④,即某种可计量的商品属性。米塞斯认为,唯一可以考虑的这样一个单位是李嘉图和马克思的价值理论中的劳动量。但米塞斯提出以劳动价值为核算单位存在两个无法解决的问题。一方面是劳动价值核算忽视了自然资源成本,另一

---

① Mises, Ludwig von., 1935 [1920]: Economic Calculation in the Socialist Commonwealth, in *Colletivist Economic Planning*, p. 110.
② Ibid., p. 96.
③ Ibid..
④ Ibid., p. 97.

方面劳动价值的统一核算与劳动的异质性存在矛盾。因而米塞斯否认了劳动量可以作为生产成本核算的适当方式。米塞斯实际上继承了庞巴维克对于马克思劳动价值论的批评。这一点从米塞斯后面的论述可以看得更明显。米塞斯批评说，"劳动核算理论的……缺陷是，它忽视了劳动质量的差别。……在对这一理论的批判中，有人不愿追问是否可能找到测量所有人类劳动（体力和脑力）的统一的生理标准。无疑，人与人之间存在着能力和技艺的差别，这些差别会体现为产生出来的产品和服务的不同质量。解答把劳动作为经济核算基础的可能性这一问题，说到底取决于是否能够无需消费者对产品的评估而把各种不同的劳动简化为一个统一的尺度。显然，马克思就此提出的论证是失败的"①。米塞斯从奥地利学派的主观主义传统出发，指出了马克思劳动价值理论的异质性问题，否认劳动可以作为经济核算的客观单位。

在否认了其他选择的可行性以及证明了资本主义的市场价格显然能够提供核算的基础的情况下，米塞斯的论证表明市场价格是理性核算的充要条件。参照价格，企业能够决定成本最小的技术，也能基于赢利性决定生产不同产品。他指出，根据表现为货币的市场价格进行的经济核算有三种便利。第一，"我们可以把它作为核算参与交易的个人价值的依据"。当不能直接比较个人间的效用时，这种手段允许我们进行个人间的比较。第二，这样核算"使得想核算复杂生产过程的成本的人，马上认识到他们是否像其他人一样经济地经营"②。生产不能获得一定的利润证明，其他人能够把相关的投入品用于更佳的用途。第三，运用货币价格可以把价值统一到共同的单位。

在讨论了三种可能的经济核算手段之后，米塞斯认为社会主义条件下无法利用价格这一经济核算手段。他承认，在社会主义经济中可以存在消费品市场，从而也存在市场价格，但不存在生产要素市场及其市场

---

① Mises, Ludwig von., 1951 [1922]: *Socialism: An Economic and Sociological Analysis*, New Haven Yale University Press, p. 115.
② Mises, Ludwig von., 1935 [1920]: Economic Calculation in the Socialist Commonwealth, in *Colletivist Economic Planning*, pp. 97–98.

价格。米塞斯写道,"社会主义国家的生产资料完全是公有的;它是该社会不可分割的财产,因此是不可交易的",并且,"因为生产资料不会成为交换对象,所以不可能确定其货币价值"①。对于米塞斯来说,有意义的价格必然是独立产权所有者之间真实的市场交易的结果。价格或交换价值的关键特征在于,它"产生于所有交换参与者的主观评价的相互作用",只有这样,交换价值才"可以决定商品的恰当用途"②。显然,秉承主观个人主义传统的米塞斯在这里对于价格概念的理解与新古典对于价格的理解已经有了稍许的差异。从完全的个人主观主义出发,任何超越个人行为的客观的价格标准是不存在的,只有在真实的市场交易行为之中价格才能显现。而在后来的论战之中,米塞斯的最主要的辩论对手——兰格以其对价格和市场的新古典理解认为米塞斯在价格含义上存在混淆,并以此为切入点展开对米塞斯的攻击。

三 在德语世界的初步辩论

米塞斯 1920 年的文章首先在德语世界引发了讨论。面对中部欧洲国家的一些经济学者如波兰尼(Karl Polanyi)、海曼(E. Heimann)、科思(A. W. Cohn)等的批评,米塞斯分别于 1924 年和 1928 年发表了两篇论文作出回应。根据凯泽尔(W. Keizer)的总结(1984,1987),德语世界的辩论大致围绕着社会主义的产权和生产组织形式问题而展开。

凯泽尔(Keizer,1984)认为谢夫勒(A. Schaffle)所提出的"社会税"早已经将社会主义经济问题解决。谢夫勒提出工会和消费者代表可以定期协商来调整对于消费品生产的劳动力成本的税率。例如,假设某产品的需求超过供给,则可以相应地提高社会税以抑制需求,调节平衡关系。由此可以在劳动价值论的理论基础上获得市场出清价格。米塞斯认为,这类观点的基本错误在于认为社会主义生产之中的"社会劳动"可以作为一个具体而现实的可核算单位来衡量价值;另外一个

---

① Mises, Ludwig von., 1935 [1920]: Economic Calculation in the Socialist Commonwealth, in *Colletivist Economic Planning*, p. 97.

② Ibid, p. 91.

错误在于其隐含地假设生产和投资品的合理价格可以自动从消费品市场出清价格派生出来。米塞斯的论点的关键在于经济核算关系到生产和投资品的核算，从而需要对于未来不确定性的主观估计。以"社会劳动"作为客观的价值标准仅仅得出消费品的市场价格数据是不足以进行经济核算的。

波兰尼承认米塞斯所提出的问题是社会主义经济的关键问题，并且这个问题在中央集中管理的经济之中无法得到解决。然而，波兰尼认为对于一种"按功能组织的社会主义过渡经济"（Keizer，1984），这个问题则有可能获得解决。在这种过渡经济之中，作为政治实体的国家对于生产资料拥有所有权，但是生产资料的使用权则保留给各个生产部门工人选出来的联合会。联合会以类似产品的所有者的身份参与到共同的市场交换关系之中，由此产生了市场和市场价格。米塞斯把波兰尼的这种经济形式称为一种"英国式的行会社会主义"（the English Guild Socialists），并认为这实际上不是社会主义，而是一种工团主义（syndicalist）。米塞斯认为生产资料所有权的关键在于最终决策权，如果对于生产资料的使用决策权力属于共同体的政治组织，则属于集中管理经济的社会主义；而"如果所有权赋予生产联合会，那么生产联合会就是所有者，而我们所面对的就是一个工团主义社会"（Keizer，1984）。米塞斯认为在工团主义社会或者是其他的类似此类生产者合作社会之中，合理的经济核算是完全可能的。这是因为这些社会之中的集体以生产资料的集体私有产权所有者的方式行动，也因此在事实上是生产资料的所有者。只要所有权分散于不同的决策行动者之中，这些决策行动者之间就会发生交换关系，经济核算问题就能解决。

海曼反对社会主义可以取消货币的观点，他认为社会主义也需要以货币进行核算。海曼将社会主义社会视为不同生产群体的生产垄断者组合而成的联合体。经济核算可以基于包括工资在内的生产平均成本来进行。显然，这里的成本只能用自然单位（physical terms）来衡量。对此，米塞斯认为海曼所描述的社会主义经济，只是依据原材料的数据来处理对于消费品的当前生产问题，因而看似各独立部门能够自行其是。

然而合理的经济核算问题在于处理置换已有的资本和新的投资，这就需要前瞻性的"投机"，而不是仅仅根据对消费品的暂时需求来处理现有的资本。将价值核算问题转化为"成本"核算，这只是对一种不现实的静止状态做出的理论上的解答。在静态中，价格与成本能够协调一致，但对于动态的现实，则是另外一回事情。

考茨基（K. Kautsky）承认资本主义经济之中的价格是经过长期历史过程形成的经济循环标准，因此建议在社会主义经济之中使用之前资本主义社会的历史价格作为初始参考，然后根据实际需求进行调整。考茨基相信这比使用劳动时间作为价值标准更为简便可行，他也承认，这种价格调整"当然不能以一种任意武断的方式进行"（Keizer，1984）。米塞斯则批评历史价格无疑是无法应用于长期的经济运行之中，而考茨基并未给出如何以不武断的方式进行这样的调整的方法。

这些相关的讨论主要限于德语世界之中，并且受到当时欧洲的一些如纳粹上台压制社会主义等重大政治事件的影响，在一定程度上被忽视。在米塞斯的得力助手哈耶克加入论战并且后者在20世纪30年代于伦敦开始讲学，米塞斯对于社会主义的批判思想为英语世界乃至更大范围的研究者所知晓，并引发更大的争论。一些英语世界的经济学者如泰勒、迪金森、兰格等也逐渐参与到论战中来，论战的范围超越了原来的实物核算和工团主义等问题。

四　米塞斯命题的转化

基于以上对米塞斯1920年的经典论文以及德语世界论争的分析，我们可以看出米塞斯对于社会主义的挑战的要点在于：第一，米塞斯的主要抨击目标在于中央计划的社会主义经济，类似当时苏联的中央集中计划的经济模式。其关键特征是决策权力集中于中央计划当局，企业之间不存在真实的竞争和市场环境。米塞斯以产权理论明确地区分了社会主义与工团主义的区别，而后者是有可能进行理性的经济核算的。对于各种类型在不同程度上向社会主义经济中引入市场制度的方案，都可以依据真实的产权和决策权区别出其各自的归属类别。只要是事实上的国有中央计划经济，无论其以何种"伪市场"（pseudo-market）的术语进行修饰，它仍然是米塞斯所指无法进行理性经济核算的对象。第二，米塞斯隐含地假设了社会主义经济的目标仍然是个人的福利，乃至加总的社会福利的最大化。这也就是说，社会主义社会之中存在的仍然是"消费者主权"（consumer sovereignty）而不是"计划者主权"（planners sovereignty）。

米塞斯在提出对社会主义挑战的初期，主要目标是针对传统的马克思主义的中央计划经济。因此，其对经济问题的看法主要着眼于资源的稀缺性问题。在这一问题上，马克思主义创始人坚信生产无限发展的可能性。例如，恩格斯在《政治经济学批判大纲》中说："人类所支配的生产力是无穷无尽的。应用资本、劳动和科学就可以使土地的收获量无限地提高"（1956）。马克思主义者认为，生产力的巨大发展，为由全社会占有生产资料，为消灭固定的社会分工从而消灭阶级提供了可能。而在米塞斯看来，生存资料短缺是人类的宿命；正是因为短缺，才有人类的经济活动，也才有以经济活动为研究对象的经济学。经济理论的基础存在于对稀缺性及其含义的认识中。在这一点上，米塞斯与新古典经济学保持了一致。

从米塞斯20世纪20年代观点来看，至少在当时，米塞斯对市场评价的核心特征是市场在持续引导价格合理地接近其均衡价值方面的能力。换句话说，就是米塞斯对于市场本质功能的揭示与当时主流的新古典经济理论是一致的。也许在当时的米塞斯的头脑之中存在奥地利学派对于市场的独特理解，但在当时的文献之中并没有明确表现出来。在这里我们的判断与新奥地利学派对于大论战的重新解读不一致。事实上，虽然米塞斯在1920年已经注意到由经济核算所需的基本数据的变化所产生的特殊问题——例如，他在好几个地方确实强调，"货币核算有其局限"，有其"不便和严重的缺陷"[1]——但米塞斯所指出的这些不足显

---

[1] Mises, Ludwig von., 1935 [1920]: Economic Calculation in the Socialist Commonwealth, in *Colletivist Economic Planning*, p. 98.

然在于货币价格不能反映非货币成本与收益的重要意义,以及货币价格波动产生的衡量问题。他并没有注意到,不均衡的货币价格将激励市场参与者对相互间的不一致做出反应的可能性(如高于均衡的价格将激励生产商提供购买者不会按那个价格购买的商品),或导致他们忽视互惠的交易机会(如在同一市场的不同部分,商品以不同的价格出售)。米塞斯在当时并没有把市场表述为根本上持续的发现过程,并据此提到变化的数据所引起的问题。他提及这种变化只是为了指出,即使新建立的社会主义经济可以很好地借鉴原先存在的特定的生产方式,但基础性条件和目标的变化将很快导致这些方式过时和无效率。显然,当时米塞斯认为奥地利学派的主要对手,并非瓦尔拉斯或马歇尔的追随者。当时米塞斯对于新古典理论学派的看法,显然是把那些承认边际效用理论的学派视为同一阵营。因此米塞斯在 1932 年引用摩根斯坦的话强调说,奥地利学派、英美学派和洛桑学派这些学派的"不同在于他们表达相同观点的方法,他们的分野更多在于使用的术语和特殊的描述,而不在于学说的本质"。[①]

事实上,包括米塞斯、哈耶克在内的奥地利学派在论战的初期并未表现出对于市场观念与新古典的不同理解。促使米塞斯和哈耶克在 20 世纪 30 年代末强调市场动态方面的是,核算论战中如兰格、勒纳和迪金森等新古典主义反对者所持立场。正是他们使米塞斯意识到了新古典经济学家对市场的分析受到"专注于均衡理论"的局限。因此,米塞斯在后来的论战之中逐渐将论证的重点从市场的资源配置效率和静态均衡方面转移到市场过程和动态效率上来。在其 1940 年的《经济学》(原作德文,后来被翻译英语并修订为《人类行动》)中,米塞斯强调了非常明确地把市场看作一个企业家过程的重要性。米塞斯认为兰格等以静态的新古典视角来看待市场,视所有的系统参数为既定的,剩下的只是产品定价核算问题,而市场经济的驱动力不在于给定框架内执行明确任务的管理,而在于投机、套利和其他承担风险的企业家活动。在兰

[①] 转引自《新帕尔格雷夫经济学大辞典》,奥地利经济学派词条。

格模式中，由于私人财产所有权的缺失，即使是保留了形式上的市场，这些真正对资源配置起着决定性作用的市场竞争过程都被计划机制废止了。米塞斯认为，社会主义计划者不可能置身于静态经济之外，拥有他们所需的关于生产可能性的全面而及时的信息。假如他们的观点的论据是通信和数据储存能力的限制，那么它就完全过时了。可以看到，在20世纪30年代以后，米塞斯命题的论证发生了从静态均衡意义上的市场价格功能向以企业家活动为主体的市场发现过程功能的转移。无论怎样，米塞斯在1920年没有对市场均衡的理解明确做出与新古典理论不同的解释，这就为后面的兰格、勒纳等以新古典一般均衡理论为武器对其进行反击埋下了伏笔。

第二节 论战向英语世界的扩展

有学者认为，哈耶克于1933年就任英国伦敦经济学院教职所发表题为《经济思想的趋势》的演说"可以视为在英语世界的社会主义核算论战中打响的第一枪"（考德威尔，2007）。但事实上，米塞斯在德语世界引发的这场争论已经引起部分英美学者的关注。泰勒（Taylor, 1929）和迪金森（H. D. Dickinson, 1933）等相继对社会主义经济核算问题发表了意见。当然，真正使这场争论为英语世界的经济学界广为人知的却是哈耶克所编的一本文集——《集体主义经济计划》（1935）。

争论的这种演变，诚如哈耶克后来回顾时所言，"20年代是米塞斯跟社会主义者进行这场论战。30年代，到英国后，我意识到，我几乎完全没有注意到这场论战，于是我就编辑了一本文集。20年代是米塞斯出战，30年代则由我出战"（艾伯斯坦，2003）。这本文集就是《集体主义经济计划》，收有皮尔森（N. G. Pierson）、米塞斯（Mises）等的论文，再加上他本人写的两篇论文《问题的性质和历史》和《争论的现状》。哈耶克加入米塞斯的阵线中，成为奥地利学派继米塞斯之后最重要的论战主将。

这一时期，哈耶克在理论上直接针对的虽然主要是泰勒和迪金森等的观点，但实际上其批评对象包括 20 世纪 30 年代英国形形色色的社会主义派别，如赞美苏联的韦布夫妇与费边社、在其党章中接受社会主义的工党等（考德威尔，2007）。

一　泰勒、迪金森等的回应

随着实践中苏联社会主义的发展，米塞斯挑起的论争影响逐渐扩大，一些英语国家的社会主义支持者注意到了米塞斯对社会主义社会对于"解决纯经济学问题能力"（Dickinson，1933）的质疑。美国的泰勒和英国的迪金森等开始为社会主义辩护。他们的观点具有共同特征就是只是在理论上相信社会主义可以将资本主义的价格核算体系整体地继承过来，只不过做一些局部的调整而已。这种思路的根源可以追溯到更早一些时候人们对于社会主义与资本主义经济具有形式上的相似性（formal similarity）的观点。

1. 形式相似性

根据拉瓦伊（D. Lavoie）的解释，对于社会主义经济核算的讨论，存在两种关于"形式相似性"的观点（Lavoie，1985，p. 79）。一种是维塞尔在《自然价值》（Wieser，1889）中为反驳劳动价值论而提出对于共产主义中边际主义价值理论应用的设想；另一种则是以帕累托、巴罗内为代表的洛桑学派以均衡分析为基础的观点。

奥地利学派的维塞尔继承和发展了门格尔的主观价值论。他和门格尔一样，以人对满足其需要的财物的效用的主观评价来说明价值。他最先提出"边际效用"一词，说明价值是由"边际效用"决定的。按照维塞尔的解释，某一财物要具有价值，它必须既有效用，又有稀少性，效用和稀少性相结合是边际效用，从而是价值形成的必要和充分的条件。他所谓的"边际效用"就是人们在消费某一财物时随着消费数量的增加而递减的一系列效用中最后一个单位的消费品的效用，即最小效用。该财物每一单位的价值都由边际效用来决定，其总价值等于边际效用与单位数的乘积。维塞尔把这种由边际效用决定的价值叫作"自然价值"。维塞尔还把边际效用理论应用于解释分配，并提出所谓"归属论"。他认为生产财物即生产资料的价值是由他们所生产的消费财物的边际效用决定的，此价值应按各个生产要素在生产中的作用或"贡献"大小，以一定份额"归属"于各有关生产要素，从而构成各生产要素的收益，工资、利息、地租就是劳动、资本、土地各生产要素的收益，这些收益归根结底都是主观评价的结果。维塞尔"自然价值"概念产生的条件是人的欲望及其满足、财货的稀缺性和私有观念等，它只涉及人的欲望和财货数量之间的关系。该概念即使在未来的"共产主义"社会也存在，以此强调主观价值范畴的永恒性。

租金和利息等因素反映了物品真实的稀缺性，因此必须在经济决策之中被考虑进来。因此，无论是资本主义或者共产主义社会之中，价值的决定都是相似的。这也就是所谓的两种制度在经济决策上的"形式相似性"。维塞尔认为"即使在经济事务依照共产主义原则管理的集体或者国家之中，商品仍然具有价值属性"（Lavoie, 1985, p. 81）。基本的价值规律是独立于社会的制度结构的，因此在共产主义社会仍然有效。与多数社会主义者观点不同的是，维塞尔认为即使在共产主义社会，劳动价值依然存在于其效用之中，与土地、资本和地租一样依据成本和效用进行核算。"忽视了这一点，生产无疑会陷入混乱"（Lavoie, 1985）。

洛桑学派的帕累托（Pareto）和巴罗内（E. Barone）等从均衡分析的思想出发，最早提出并且肯定了社会主义条件下的资源配置的可行性问题。① 帕累托把西方主流的"最优状态"原理运用到社会主义配置资源的理论中。他得出的结论是：第一，在社会主义制度下，一个"社会主义生产部"可以实行资源的最佳配置；第二次，社会主义计划经济可以取得和资本主义市场竞争所创造的相同结果。即若达到最优状态，则可实现社会福利的最大化；第三，市场机制和计划机制都能达到最优状态，只不过求解经济均衡方程的方式有所区别，市场机制是通过

---

① 转引自张阳升《市场经济与社会主义兼容的可能性》，《马克思主义与现实》2000 年第 4 期。

市场竞争求解，计划机制通过科学核算或计划求解。这意味着配置资源的效率和形式并不取决于社会经济制度。其后巴罗内对帕累托的观点进行了具体的论证。在《集体主义国家的生产部》（1908）等文中，他系统研究了集体主义制度下达到资源最优配置的必要条件，并建立了非竞争性的以最大集体福利为目标的集体主义均衡状态方程组，用以区别个人自由竞争方程。他认为社会主义是含有商品经济成分的，资源合理配置不一定直接通过市场竞争机制，但可通过实验方法和数学模型间接地模拟而达到。社会主义可以通过反复试验的方法求解经济均衡方程组。因此，巴罗内认为"集体主义经济的均衡的方程式系统与自由竞争市场的并无不同"（Barone，1908），不论经济制度怎样，都可以而且必须通过反复试验的方法找到均衡价格。值得注意的是，巴罗内和维塞尔一样，只把这种形式相似性看作理论上的可能，而对实际中社会主义的经济持怀疑态度。

维塞尔和巴罗内等对于形式相似性的论述无疑启发了后来的泰勒、迪金森和兰格等，引发了他们对于数学解、试错法等一系列的观点的发展。兰格（1936）在其对于米塞斯的回应文章之中就宣称：帕累托和巴罗内等早已在米塞斯之前就对社会主义经济核算问题提供了答案。

2. 迪金森的数学解

维塞尔和巴罗内提出的"形式相似性"的问题在理论上赞同社会主义经济核算与资本主义本质相同，但他们都对社会主义事实上是否可行持怀疑态度。因此，泰勒和迪金森等试图对"形式相似性"进行进一步的阐述来获得社会主义经济核算的数学解。

泰勒（Taylor，1929）在其美国经济协会会长的就职演讲中对社会主义体制的可行性进行了辩护。他认为可以通过反复实践的方式来纠正错误，从而核算出合理的生产要素价格。泰勒将社会主义经济核算问题分成两部分。首先，他讨论社会主义经济决策者如何分配资源的问题。泰勒提出社会主义可以以"要素评价表"（factor-valuation tables）代替资本主义经济中的货币价格来提供涉及相关"效率重要性"（effective importance）的生产要素数量信息。由此决策当局可以做出理性判断，进行资源分配。其次，泰勒提出使用试错法来实际解决如何发现生产要素评价表中的正确数值的步骤。泰勒指出，社会主义制度能够解决资源的合理分配问题。他是这样论证的：第一，国家确保每个公民按规定获得一定的货币收入；第二，居民有权用其收入任意选购国家生产的商品，这样产生的商品价格将是反映商品社会重要性的价格；第三，国有企业应当使价格等于商品的生产成本，即社会原始要素的收入或存量的消耗；第四，国家运用试错法，即用一系列假设的解值去试验，直到其中一个被证明是正确的为止。基于以上这些论证，泰勒肯定：在社会主义制度下，不存在重大的资源分配问题。社会主义国家将"作为有足够信心来正确地使用自己所支配的经济资源的人，履行自己的职责"（Fred M. Taylor，1929）。

1933 年迪金森（Dickinson，1933）发表了《社会主义社会的价格形成》一文，以更明确的数学形式提出了对社会主义经济核算问题的解答，并直接引发了相关问题在英语世界里的争论。迪金森、勒纳与多布等各自发表了系列文章，进行了多回合辩论。迪金森认为米塞斯对于社会主义的挑战的主要在于国家作为生产资料的唯一拥有者无法对生产物品进行合理定价，他对此提出了反驳——至少在理论上社会主义经济可以对生产物品进行合理定价。

迪金森假设社会主义对于消费品仍然保留市场，同时区分了在市场上进行交换和分配的"个人消费"以及通过管理当局对所有社会成员免费提供的"社会消费"。在个人消费领域仍然保留货币进行市场交换，与资本主义经济不同的是，这里有一个最高经济委员会（Supreme Economic Council）对整个经济系统进行监督。迪金森区分了消费品和生产品的价格形成。在消费品市场，由商品的供求关系决定其价格，从而得出各种商品的社会需求表（demand schedules）。他认为"理论上这项任务极为困难，因为一种商品的需求不仅仅是其价格的函数，更包括所有其他商品。而在实际上，这项任务可以借由相近关联的商品分组得到解决，获得一个足够近似的标准来给予产业管理者参照。在资本主义社会里，需求表更依赖于人们的信心而不是这样的过程；但是在社会主义经济的玻璃墙之内，需求表的获得容易得多"（Dickinson，1936）。对于生产品，生产厂商则可以依据消费品市场的销售数据来制定需求表。对于复合需求可以将不同的需求表进行加总。对于复合的供给可以对不同产品得出各自的需求表，即使复合的各部分比例是变量，也无非是一个可以解决的生产厂商最大化的数学问题。每个生产组织都能够给出其生产过程中使用的产品的价格。因此，高阶的生产品的需求表也能确立，包括最终的生产要素。

迪金森认为要确定消费品和生产要素的价格和数量只需要四种类型的方程。第一是各种消费品的需求方程，包含消费价格和数量；第二是包含每种消费品数量和生产要素数量的生产函数；第三是反映每种产品销售价格与生产要素成本的等式；第四是每种产品的生产要素数量与价格的供应方程。迪金森认为其中第二类和第三类方程只是技术问题可以获得解决，而需求方程和供给方程分别在自由购买市场和自由择业市场得以确定。因此，社会主义的经济核算问题的"全部事务能够被分解为一组联立方程组，或者由于只需要考虑对于既有的均衡微小的偏离，分解成为对偏离的核算"（Dickinson，1936，p. 242）。

可以看出，无论是"形式近似性"还是数学解，这类对于米塞斯的回应具有共同的特点——否认资本主义与社会主义经济的本质区别，并且都有对经济静态均衡的理解倾向。这在迪金森的论述之中尤为明显。迪金森典型地使用了瓦尔拉斯方程体系来证明在理论层次上，资本主义与社会主义没有区别。在资本主义制度中，该方程体系通过市场来解，而在社会主义制度中则可以通过计划当局收集统计数据来构造瓦尔拉斯系统方程组，并进行数学求解。迪金森等这种过于"专注于均衡理论"的局限，在后面的论战之中不断被奥地利学派理论家批评，从而揭示得越来越清晰。到1939年，迪金森本人也意识到"输入到系统方程组的数据本身处于持续不断的变化之中"（Dickinson，1939，p. 104），因而放弃了之前的观点。

勒纳（Lerner，1934，1935）为社会主义的辩护与迪金森类似，他们都认可了米塞斯对于经济稀缺性问题，而认为稀缺性的问题在资本主义与社会主义性质是一样的,因此社会主义完全可以学习资本主义(Lerner,1934—1935,p.60)。需要指出迪金森和勒纳等实际上不是正统的社会主义者,他们具有马克思主义倾向,但并不真正接受马克思主义的劳动价值论。因此,他们使用非马克思主义经济学的思想对社会主义进行的辩护引发了多布这样更为接近正统社会主义思想的学者的批评。

二 多布反对市场

马克思主义经济学家莫里斯·多布(Maurice Dobb)很快加入英语世界的论战中。多布对市场机制持否定态度,是苏联式集中计划经济体制的捍卫者。他根据传统的马克思主义经济理论对奥地利学派的挑战和均衡理论为基础的市场社会主义均大加抨击。在迪金森1933年发表了以数学解的方式维护社会主义经济核算的可行性之后,多布(1933)于同年也在《经济学期刊》上发表了《经济学理论与社会主义经济学问题》的文章重点批评了迪金森的观点。

多布首先以马克思主义的观点对当时的西方经济学进行批评,认为它"变得与亚当·斯密的政治经济学完全不同",而仅仅成为一项"形式化的技术"和"研究某些数量关系的应用数学的分支学科"(Dobb,1933,p.589)。多布认为迪金森与米塞斯共同的观点是,社会主义经济与个人主义的资本主义经济没有本质区别。迪金森实际上也采用了西方经济学的关键假设,这就是消费者偏好的神圣性。

多布(Dobb,1933)认为,迪金森这样的均衡经济学者试图将社会主义经济与价格系统相结合是错误的。经济民主对于自由市场制度的依赖,类似于政治制度中个人选择权依赖于议会民主制。而在市场制度之中,甚至无法像政治那样实现普遍选举权,而只能实现一套多重投票制度(plural voting)。迪金森想在社会主义之中像民主政治制度一样利用市场实现经济民主,无法跳出"多重投票"的两难困境——在经济上要么依据成本对个人收入实行差别对待,从而造成了收入,也就是投票权的不平等;要么实行均等化分配,从而否定了成本差异。社会主义为了保证资源的合理分配，一方面需要考虑不同需求的优先级别，另一方面以某种共同的数量单位核算成本。这无疑需要某种中央计划的经济核算系统来进行决策，但自由市场制度自动产生的经济优先级不是必需的。多布认为，中央计划的经济核算即使达不到经济学家们所认为的"最优"结果也无关紧要，因为"不能获得这种最大化的损失，很可能比由自由市场或者其他方式在经济优先级上所可能犯错误的损失还要少"（Dobb，1933，p. 594）。

对于米塞斯所揭示的社会主义经济核算的困难，多布认为其根源在于消费者的趣味或者偏好所具有的无从预见的性质，在一定程度上人们放弃消费者的自由选择权利可以解决这一问题。多布对于消费者自由选择权利的放弃无疑令哈耶克大为吃惊。哈耶克承认这简化了中央计划当局的决策，但它也在根本上消除了理性核算的根据和目标。这也就意味着社会主义国家的生产并没有任何明确的目标，生产不是为了满足人们的消费需要，而仅仅是为了实现中央计划机构的专断决定。哈耶克认为，这种做法的结果无疑是几乎现代文明的全部后果都将随之丧失。哈耶克仅仅对于多布的这个观点进行了简单的反驳。在他看来，多布的这个观点无疑是对整个经济核算的基础的否定，因而多布的更多有价值的看法没有得到哈耶克以及其他论者的重视。

事实上，正是多布首先在论战中表达了对静态均衡分析的局限性的怀疑。对于迪金森、兰格等的市场社会主义模式，多布敏锐地察觉到其研究视野上仅仅关注交换关系问题的狭隘。在反对资源有效配置的新古典静态效率观方面，多布与反对社会主义的奥地利学派实际上有共同的立场。不同的是，多布依据经典马克思主义经济理论强调经济发展背后的客观因素——积累和结构变迁，而奥地利学派重视的是市场的动态理解。多布批评米塞斯和兰格等都过分估计了中央计划对于信息的要求，真正需要掌握的信息不是内生的消费者偏好，而是在投资方面对于生产资料的配置和扩充，这正好是集中计划者能够做出事先调节的。此外，多布认为兰格等坚持的效率标准依然是福利经济学的——把对消费者偏好的最大满足作为资源配置的根本标准——社会主义经济不可能以所谓最优福利状态作为配置资源的根本标准，也不可能根据这种福利条件来引导生产和消费，因为这种最优条件事实上是不存在的，它仅是理想化的目标，而社会主义经济的福利目标则在于追求实际收入与社会消费标准的增加。

多布认为社会主义是一种中央集权的计划经济体制，资源配置的标准不取决于福利经济学的经济效率，强调集体消费标准是资源配置的标准，生产、投资、积累与部分消费决策权集中化，市场机制退出历史舞台。多布强调计划的依据是市场中个人原子式的决策存在不确定性，因而事前计划（ex ante plan）是必要的。在多布看来，计划经济具有三个主要优点：其一，市场调节只能在事后发挥作用，而计划经济能够统一协调信息收集和预先决策，这就消除了不确定性的程度。其二，计划的协调能够解决市场交换的外部性问题。其三，只有采用预先协调计划，静态框架之中的被视为常量的数据才能被作为变量在计划过程之中得到应用。这些变量包括投资率、资本投资和消费分配比率、生产技术的选择等。

多布实际上转移了米塞斯挑战的命题，加之他在一定程度上使用与西方主流经济学不同的学术范式，因此奥地利学派和新古典学派都未把他视为主要论战对手。

第三节　哈耶克的诘难

奥地利学派的另一位代表人物哈耶克追随着米塞斯加入论战当中。哈耶克年轻时曾被社会主义的计划经济和"费边社会主义"的渐进主张所吸引，其后在维塞尔和米塞斯等的影响之下，逐渐转向了奥地利学派，成为社会主义的批判者（Gamble, 2005）。维塞尔是哈耶克的老师，在引导哈耶克接受门格尔的思想方面起了重要启蒙作用，而米塞斯对于哈耶克思想上的转变则影响更加重要。从1921年开始担任米塞斯的助手、到1931年赴英国伦敦经济学院任教、再到1935年编辑出版《集体主义经济计划》，哈耶克经历并且参与到这场大论战之中，使论战的影响在英语世界进一步扩大。在奥地利学派的经济思想传统之下，哈耶克不仅在英语世界详细阐释了米塞斯对于经济核算的有关思想，同时也发展并表达了自己的一些独特见解，拓宽了奥地利学派的视野。

一　经济问题与价值序列

在收入 1935 年文集的两篇文章之中，哈耶克首先对于 20 世纪 20 年代的争论进行了总结和梳理，进一步明确了这次论争的主体性质和重要性。他更为详尽深入地分析了米塞斯讨论过的经济问题实质。与米塞斯一样，哈耶克也坚持了经济问题是稀缺性问题的看法，但他特别地将经济问题与工程技术问题做了比较，认为两者具有截然不同的性质。他认为，"努力从给定的资源或手段中获得最大的成果"①，尽管是一种普遍流行的说法，但却是一种非常含糊甚至误入歧途的说法。对于工程技术专家而言，他们的工作通常具有明确的目标，面对的实质上是一个技术问题。而对于经济学家而言，"一旦人们为了追求不同的目的而竞相需求那些可资获得的资源，经济问题便产生了"②。在此，我们发现哈耶克拒绝把经济问题看作只是类似工程最优化问题的观点。

事实上，哈耶克在这里秉承了奥地利学派的主观主义价值论，他在机会成本的含义上指出，"判断经济问题存在与否的标准，乃是人们在生产过程中必须加以考虑的成本问题"③。经济问题的实质是如何协调不同个人的主观偏好通过使用各种经济资源组合来获得满足的过程。这里经济问题的目标不像建造一座天文望远镜或者冶炼矿产之类的工程问题那样确定，而是满足"共同体中各种需要之重要性的序列"。只有每个个人的经济决策融合成整个价格体系，不同的经济资源的相对价格不仅体现了这些经济资源的相对稀缺性，而且体现了社会对不同个人的主观偏好的加总和整理，价值序列才能显现出来。依据奥地利学派的主观

---

① 哈耶克:《个人主义与经济秩序》，邓正来译，生活·读书·新知三联书店 2003 年版，第 179 页。
② 同上书，第 181 页。
③ 同上。

主义思想，哈耶克认识到"一种得到人们一致同意的共同的价值序列根本就是不存在的"①，数十年后，阿罗不可能定理的提出对此做了严格的证明。事实上，这也是从门格尔开创的奥地利学派一直秉承的主观主义观点。由此，寄希望于通过某些技术手段来发现和实现这个价值序列，无异于缘木求鱼。因此，哈耶克认为，除各种不同性质的生产要素在不借助货币情况下无法有效流通外，中央计划当局还面临着在没有价格体系的条件下无法有效辨识整个社会的价值偏好序列的困难。

二　复杂性论据

对于泰勒和迪金森等认为社会主义可以使用相关信息和数据依据瓦尔拉斯方程体系进行经济核算的论证，哈耶克从其现实的复杂性上做出了反驳。他指出："……（在实践中的运用方面），真正相关的并不是这种方程体系的形式结构，而是所求的一项数学解所必需的具体信息的数量和性质，以及这种数学解在任何现代社会中必定会涉及的任务的规模"②。具体来说，这里的复杂性包括了如下几个方面。第一，产品信息的复杂性：数量巨大的各种产品所具有的各种特性信息难以为中央计划当局获得；第二，技术知识的复杂性：特定场合的生产技术知识并非现成的，它们分散于个人并且具有隐含其中的意味；第三，消费偏好的复杂性：消费者偏好面向未来的可变性导致这部分数据也难以掌握；第四，即使假设上述三个复杂性问题，仅仅是"统计技术上的困难"能够克服，其在每一个持续不断的时点和成千上万的数量级上求解联立方程的数学复杂性也难以解决。

哈耶克认为，泰勒、迪金森等的社会主义瓦尔拉斯均衡构想，在理论上是符合逻辑的，但现实上则不可行。他承认，"在全面了解情况的基础上确定价格，虽说完全不可行，但却至少是可以想见的"。至于试错法，哈耶克则认为其设想荒谬。他认为"任何单项价格发生的每一

---

① 哈耶克：《个人主义与经济秩序》，邓正来译，生活·读书·新知三联书店2003年版，第200页。

② 同上书，第223页。

点变化都会使成百上千项其他价格的变化成为必要",也就是说局部的变化必然导致全局的新情形,所有的核算都必须重新开始,而不仅仅是针对局部的调整①。

按照对论战研究的标准评价,在哈耶克对复杂性论据的论述之中,实际上承认了社会主义核算在理论逻辑上是可能的,而退缩到对这种核算在经验实践的层面否定论证上。事实上,哈耶克在这里的论述并不如表面上显示的是在探讨理论逻辑与现实差异问题,而是隐秘地揭示了瓦尔拉斯均衡与试错法之间的矛盾——瓦尔拉斯一般均衡状态是一种绝对的、全局的、静态的状态,它在逻辑上只能整体的、一次性得到解决,而不能经由渐进局部的调整来实现。考虑到试错法与瓦尔拉斯"拍卖者"的"试探过程"之间的紧密联系,我们可以看到哈耶克实际上在这里已经隐约地表达了他对于新古典一般均衡理论的某种反思。

第四节 兰格模式的回应:均衡解与试错法

1936 年兰格(Lange,1936)发表了《社会主义经济理论》一文,其核心论点是,生产资料私有制的消失并不意味着市场交换的终结,市场交换的存在也不排除计划和社会主义价值观的实现。他在综合迪金森和泰勒的观点的基础上,提出著名的"试错解",以此回答米塞斯和哈耶克的责难。兰格也运用瓦尔拉斯一般均衡理论,但着眼点不同于迪金森。按照他的设想模式,社会主义经济将按下述方式运行:人们可以自由选择职业,消费者也可以自由选购商品,即存在劳动市场和消费品市场;但不存在生产资料市场,生产资料将由国营企业生产,并处于中央计划的控制之下;中央计划局给国营企业确定出一组价格,并促使它们在这种价格约束条件下使成本最小化。那么,中央计划局如何确定价格呢?兰格的设想是,它最初确定的各种价格也许是武断的,但这并不重

---

① 哈耶克:《个人主义与经济秩序》,邓正来译,生活·读书·新知三联书店 2003 年版,第 229 页。

要。因为企业会把在这组价格下哪些产品过剩或短缺的信息传递给中央计划局。根据这些信息，计划局就可以像瓦尔拉斯的"拍卖者"那样，提高短缺品的价格，降低过剩品的价格。就这样，像真实市场经济那样，作为"试错过程"结果的价格，最终会引导社会主义经济走向均衡，实现资源的有效配置。

一　价格含义与经济问题解决条件

兰格以不同于米塞斯理解的价格含义入手展开对米塞斯的反驳。兰格首先引用了威克斯蒂德（D. H. Wicksteed）对于价格的定义，"'价格'一词有两层含义。它可以表示通常意义上的价格，即两种商品的市场交换比率；它也可以表示一般化的含义，即'替代品被提供的条件。'只有一般化意义上的价格对于解决资源配置问题才是不可或缺的"（Lange，1936—1937）。兰格认为米塞斯对价格的两重含义做了混淆。在社会主义条件下，按照当时的设想，已不存在实际交换的生产资料市场，从而也不可能存在生产资料的"狭义"价格。但是这并不等于说就不存在作为"选择指数"的生产资料的"广义"价格，而"只有广义的价格才是解决资源分配问题所不可缺少的"（Lange，1936—1937）。

其次，兰格指出，经济问题是在不同方案之间选择的问题，解决这个问题的三个条件是："指导选择行动的一个优先顺序"、"关于'提供其他选择的条件'的知识"和"现有资源数量的知识"。兰格认为只要具备了这三项条件，无论是资本主义还是社会主义都是可以进行经济核算的。在社会主义经济中可以认为，第一项和第三项条件是满足的，其可获得程度至少不亚于资本主义经济。剩下的问题是社会主义经济管理人员能否得到第二项条件，也就是价格参数。由于"社会主义经济的管理人员和资本主义企业家对生产函数将有完全相同的知识"，所以，根据一种商品交换为另一种的技术可能性，作为"选择指数"的广义价格"在社会主义经济中也是已知的"。因此兰格认为，在理论上社会主义并不缺乏资本主义所具备的经济核算基本条件。

二　竞争解决方案

在相信自己驳倒了米塞斯对于社会主义经济核算理论上的不可能性之后，兰格着手处理哈耶克、罗宾斯等"以更精细的形式"对社会主义经济核算的现实可能性的怀疑。

兰格指出，早在巴罗内那里就已经指出一个事实，"经济均衡方程在社会主义社会中必然也靠试验错误来求解"。到1929年泰勒发表《社会主义国家的生产指导》的演讲时，他也运用试验错误方法，建立了一种保证最优求解方程的可能性。现在为了回答哈耶克和罗宾斯的挑战，需要进一步阐明在社会主义经济中可以运用像在竞争市场上通过错误尝试方法实现资源分配的相似的方式，实现资源的最优配置，即所谓"竞争解决"。兰格首先讨论了资本主义竞争市场上是如何用试错法建立经济均衡的，然后在此基础上具体阐述了在社会主义经济中可以如何用模拟市场的方式，用与竞争市场中相似的试验错误的方法来实现经济均衡。

兰格对当时讨论所涉及的社会主义社会作了一系列假定。其中包括：实行生产资料公有制、保持消费选择自由以及存在职业选择自由等条件。兰格还假定，用需求价格表示的消费者偏好是生产和资源分配的指导标准。从而，社会资源使用的最优效率存在于供给与需求的一般均衡之中。这与完全竞争市场的均衡条件是相同的。这样，在兰格的社会主义制度中，有一个消费品和劳动服务的真正市场。但没有生产资料和其他自然资源的市场。生产资料和自然资源的价格是由中央计划局决定的会计价格，也就是前面说过的广义价格，只起选择指数的作用。现在我们来看在兰格的社会主义经济中经济均衡是怎样实现的。

兰格指出，均衡条件是双重的：主观均衡条件和客观均衡条件。从主观均衡方面看，在完全竞争市场上，实现主观均衡的条件包括：消费者从收入中得到的总效用为最大；生产者使他们的利润最大化；生产资源所有者的所有权收入最大化。在兰格的社会主义经济中，由于存在消费的选择自由和消费品市场，这部分主观均衡条件同竞争市场一样。已知消费者收入和消费品价格，消费品的需求被确定。生产者经理的决策有所不同，它不是利润最大化，而是按照中央计划局规定的规则，决定生产要素的组合和生产规模。这些规则主要有两项，一是必须选择使平均生产成本最小的要素组合，二是产量必须这样确定，使边际成本等于产品价格，以决定生产规模。按照这两项规则的要求行事，每个工厂和产业的产量以及每个产业对生产要素的总需求也就被确定了。至于生产资源所有者收入最大化，在社会主义制度下，既然存在职业选择自由，劳动者就会向支付最高工资的产业或职业贡献他们的服务。对于公有的生产资料和其他自然资源，中央计划局也必须预先规定一个价格，并规定这些资源只能供给能够"支付"这个价格的产业（哪怕是为了会计目的）。这样，已知各项生产资源的服务价格，它们在不同产业之间的分配也被决定了。

　　从客观均衡方面，所谓客观均衡条件就是均衡价格决定于每种商品的需求等于供给的条件。在竞争市场上，价格由竞争决定，由供求双方共同决定。在社会主义制度下，由于存在消费品市场和劳动服务市场，消费品价格和劳动服务价格仍由市场供求决定，客观均衡条件同竞争市场并无二致。问题在于生产资料价格和其他自然资源价格，按照兰格的设想，是由中央计划局决定的，这种价格是否具有客观性？如果这种价格是任意给定的，不反映供求水平，当然就会失去提供其他选择的条件指数的意义，客观均衡就无法实现，从而资源的最优配置也就无从谈起。

　　正是在这个意义上，米塞斯等否认社会主义社会有合理配置资源的可能性。但是，兰格却认为，中央计划局可以起市场的作用，生产资料和其他自然资源的价格决定过程与竞争市场中的过程是十分相似的。他指出，在竞争市场中，为什么会有一个客观的价格结构？因为作为物价的参数函数的结果，一般地只有一组物价满足客观均衡条件，也就是说，使每种商品的供求相等。如果保留物价的参数函数，在社会主义经济中能得到同样的客观物价结构。中央计划局正是这样做的。它利用物价的参数作用，把物价的参数函数作为一种会计规则规定下来，并监督所有企业、产业的经理们执行。一旦物价的参数函数被用作一种会计规则，价格结构就被客观的均衡条件建立起来。每种商品的供求数量必须相等的条件有助于选出均衡价格，只有均衡价格保证采取的所有决策互不矛盾。不同于均衡价格的任何价格，在会计期终了时会显示出某种商品或资源数量有剩余或短缺。因此，兰格说："社会主义中的会计价格远不是任意的，而与竞争体制中的市场价格有十分相似的客观性质。"

三　试错法

在论证了社会主义经济能够获得和资本主义经济同样的均衡决定之后，兰格重申了泰勒对于社会主义条件下试错法的可行性。他认为社会主义经济要实现资源的合理分配，并不像哈耶克与罗宾斯等所说的那样，需要依赖于对"在几百万个预计数据的基础上列出几百万个方程"（罗宾斯）进行求解，而是与资本主义竞争市场一样都基于试错过程。在社会主义条件下，首先，中央计划局随机选定一组物价（一般是根据历史上给出的物价），消费者、生产者和其他生产资源的经理以及作为劳动供给者的个人，都在此物价基础上进行决策，这样共同决策的结果，决定每一种商品的供求数量。其次，如果一种商品的需求量不等于供给量，那就改变这种商品的价格；供小于求，就提高价格；供过于求，就降低价格；于是，中央计划局就规定一组新的物价。最后，以这组新的物价为基础，又会形成一组新的供求数量……通过这样的反复进行的试验错误过程，中央计划局规定的物价，逐渐逼近客观的均衡价格，整个经济活动也逐步进入均衡状态。

兰格相信试错法具有普遍性，甚至即使是对于消费选择自由和职业选择自由都不存在的经济制度。他假设存在这样一种社会主义制度，其中生产计划都由中央计划局决定，消费采用配给制，而职业分工完全采用任命制度。即便在这样的经济制度之中，经济核算仍然是可行的，所不同的只是由中央计划局代替消费者制定了消费偏好尺度而已。而且，在计划经济中试错法会比在竞争市场中工作好得多，因为中央计划局对整个经济体系中正在发生什么事情的知识比任何私人企业家能够有的知识宽广得多，从而比竞争市场可以用短得多的一系列相继的试验求得正确的均衡价格。

四 兰格模式的实质："新古典社会主义"

从以上对于兰格在这场论战之中的相关思想的分析可以看出，兰格、泰勒和勒纳等提出的市场与社会主义相结合的经济模式的理论基础实质上新古典学派的一般均衡论，其所坚持的效率标准依然是福利经济学，把对消费者偏好的最大满足作为资源配置的根本标准。正因为此，这些参加论战的社会主义支持者的观点被称为"新古典社会主义"。

从前面所述兰格与米塞斯对于价格的含义的分歧可以看出，兰格与新古典理论是一致的，而这促进了奥地利学派对于自己与新古典学派理论差异的理解。兰格对于社会主义经济核算的论证完全依赖于一般均衡理论，因而其对于试错法的阐述恰好暴露了一般均衡理论的重大缺陷——价格决定的非现实性。试错法实质上源于瓦尔拉斯的"拍卖者"搜索过程的设想。对于价格机制自由传递供求信息的作用，瓦尔拉斯（Walras，1990［1874］）形象地将其构想为"拍卖者"的"搜索过程"，瓦尔拉斯假设，在市场上存在一位"拍卖者"。该拍卖者的任务是寻找并确定能使市场供求一致的均衡价格，他寻找均衡价格的方法如下：首先，他报出一组价格，居民户和厂商根据该价格申报自己的需求和供给，如果所有市场供求均一致，则他就将该组价格固定下来，居民户和厂商就在此组价格上成交；如果供求不一致，那么居民和厂商可以抽回自己的申报，而不必在错误的价格上进行交易，拍卖者则修正自己的价格，报出另一组价格。拍卖者改变价格的具体做法是：当某个市场的需求大于供给时，就提高该市场的价格；反之，则降低其价格。这显然是最大化原则在起作用，这就保证新的价格比原先的价格更加接近于均衡价格。如果新报出的价格仍然不是均衡价格，则重复上述过程，直到找到均衡价格为止。这就是瓦尔拉斯体系中达到均衡的"搜索过程"。在理论上，从前两个基本原则假设出发，对市场经济趋向均衡的动态过程进行模拟。

瓦尔拉斯的搜索过程只是一个纯粹理论上的设想，以证明市场均衡的可能性。一直以来，新古典理论对于实际市场的价格决定机制认识含混不清。如同兰格这样的新古典主义者将瓦尔拉斯搜索过程的现实版本即试错法视为一个发生在真实的历史时期的市场价格实现过程。

因此，新古典社会主义实际上提出了两套解决方案：其一是（在核算技术能力不及的情况下）模拟资本主义市场的试错过程；其二是（借助计算机的发展）直接解出均衡方程组。正是这样的新古典意义上的反驳，引起了哈耶克以及日后其他奥地利学派论者对于新古典理论的批评和反思。

第五节　哈耶克对兰格模型的反驳

对20世纪30年代的哈耶克来说，他与米塞斯一样，并没有对新古典经济学提出根本的质疑，甚至还认为这种经济学已经给私有制为基础的市场经济提供了很好的证明。看到兰格利用新古典经济学工具为社会主义公有制和计划经济辩护，哈耶克吃了一惊。这种困惑在于：新古典理论假设市场参与者拥有完备的知识，知道自己的效用函数和生产函数，也知道实现利益最大化所需的其他知识，要解决的仅仅只是利用隐含在数据中的求最大值问题。兰格论证的本质在于：如果市场经济实现均衡需要这些假设的话，那么，把同样的假设运用于中央计划局，也可以证明社会主义经济能实现有效的资源配置。事实上，正是这一困惑促使哈耶克最终表达出对完全不同于新古典经济学的市场观。

事实上，哈耶克的《经济学与知识》（1937）一文已经意识到新古典经济学存在某些缺陷。这种反思在1936年的那篇著名论文中得到初步阐述。这是他在伦敦经济学俱乐部发表的就职演说。这篇论文明确地对新古典经济均衡观提出了质疑，并区分了个人均衡与社会均衡。正是从这篇论文开始，哈耶克对市场制度的维护，走上了不同于米塞斯的道路。对此，多年后，哈耶克本人回忆说，"我只是现在才清楚地理解了我与米塞斯的关系问题，这种关系始于我那篇写于1937年的有关经济学与知识的文章，它试图让米塞斯相信，他关于市场理论是个先验体系的说法是错误的；只有个人行为的逻辑才是先验的，一旦你这一点进入与许多人的相互交往，你便走进了经验领域"①。这种"经验领域"必然隐含着主观知识分散化的思想。个人均衡是可以先验地从纯粹选择逻辑推导出来的，但社会均衡却必然要涉及个人之间的经验知识，并把"均衡"重新定义为在一个知识分散和认识主观的世界中各种个人计划的协调性。

在20世纪40年代和之后的一系列论文（1940、1945、1968）中，哈耶克的崭新论点得到了更清晰的表述，终于认识到奥地利学派对市场的观念与兰格的"竞争方法"之间的本质差别：市场的效率来源于通过竞争过程对分散于个人之间的"默会知识"和特定时空的具体知识的有效利用，而中央计划局不可能掌握这类知识，"生产者"也无法把这类知识传递给中央计划局。

在1940年发表的《竞争的"解决方法"》一文，他对兰格等的"市场社会主义"做出过直接的回应。在这种回应中，他除重复20世纪30年代对泰勒和迪金森等的那些主要批评（解一个庞大的数学方程组的困难和这种解法无法适应价格的快速变化）外，更重要的是强调个人知识的分散化和价格机制对此的编码功能，从而形成完全不同于兰格等所持有的新古典主义的市场理论。

一 哈耶克对传统均衡观的批评

哈耶克对于均衡概念的理解与新古典主义经济学有很大的不同。在1936年就任伦敦经济俱乐部主席的演讲上，他提出，"形式主义的均衡分析中的同义反复，无法告诉我们任何现实世界的事情"（Hayek, 2003 [1936, 1937]）。不同于新古典早期狭义的需求供给平衡的理解，哈耶克认为均衡是人的决策行动之间的协调状态，或者说，哈耶克从计划的协调性这个角度重新定义了均衡概念，并且强调了正确预期而不是

---

① 考德威尔：《哈耶克评传》，商务印书馆2007年版，第264页。

完美预期是均衡分析的前提假设。哈耶克认为，均衡分析中的所有命题，比如说相对价值将与相对成本相符合的命题，或者一个人会使任何一种要素在其不同用途中的边际收益均等化的命题，都是关于行动间关系的命题。因此，哈耶克敏锐地观察到均衡事实上可以从两个层面来分析，也就是个人均衡和社会均衡。

从新古典的分析范式来看，只存在一种均衡，也就是社会均衡。因为其分析对象乃是不同个人之间供给与需求的关系。从这个意义上说，对个人而言均衡这个概念毫无意义。"如果有人想在这种情形中使用这个概念，那么他只能说，一个孤立的人始终处于均衡状态之中"。哈耶克认为，这是一种误用均衡概念的典型方式。当把均衡看作人的行动间的关系时，个人均衡才有了意义。只有当一个人持续采取的先后行动都是同一项计划中的一部分的时候，他的这些行动之间才会存在某种均衡关系。新古典均衡范式没有认识到两者之间的差别，从而造成了分析上的混乱。就个人在特定时刻的主观认识而言，均衡对于个人来说是一种同义反复。

哈耶克之所以要强调个人均衡与社会均衡的区别，正是因为他认识到均衡概念从个人转向社会时，问题的性质会完全不同。个人基于自己对于外部世界的主观认知做出自己的计划，达到均衡。而社会均衡则需要不同的个人的行动计划必须相互协调。个人均衡的概念实际上没有什么理论价值，哈耶克无疑是为了凸显出新古典均衡范式的缺陷，并进一步提出自己的分散知识观点而提出这样的区分。哈耶克说：在传统的均衡分析论述当中，有一种假设认为，第一，以表示个人趣味和专门事实的需求一览表这种形式而存在的那些数据（datum），对于所有个人来说都是同样给定的；第二，如果所有的个人都按照同样的前提行事，那么这一定会使他们的计划彼此相应合。

新古典范式的均衡分析实际上做出了这样的假设前提：对于所有人而言，具有相同的客观数据，并且是既定不变的。哈耶克嘲讽地说，他们甚至通过使用诸如"给定的数据"（given datum）这类同义反复的说法来消除他们内心存有的这样一种疑虑，即他们自己并不清楚这些事实对谁来说是给定的。因此,哈耶克认为,主观意义上的数据为何会与客观数据相一致,是我们必须予以回答的重大问题之一,从而对于数据的分析进入更为具体而现实的层次。

由此,哈耶克提出了自己的另一个关键思想,这就是"分散的知识"的观点。他认为,人们拥有的数据既是主观的,又是分散的。如果数据仅仅是主观的,那么这仅仅意味着个人所拥有的知识可能是错误的。这可以通过一个消除错误的过程,最终达到个人之间在有关未来状态的正确预期基础之上的相互调和,也就是均衡状态。但是,哈耶克的重大发现在于,个人所具有的数据或者说知识同时还是分散的,也就是不同的人拥有不同的数据,而这些数据不仅是分散的,还是局部的(local)和断续的。在变动不居的世界之中,知识的分散性不是达到均衡的运动能够予以消除的暂时状态,而是一种永恒状态。

二 分立知识与价格功能

哈耶克在 1940 年发表了《知识在社会中的应用》,以其分立知识论的观点强调了价格功能在交流信息方面作用。米塞斯在 1920 年已经简要提到市场价格在竞争的市场经济中便利经济核算方面的作用。正是哈耶克率先并详细阐述了价格的功能:在分立知识的前提下,价格体系是收集与传递信息的低成本机制。哈耶克的理论是关于价格中包含信息的一个最清晰的表述:"如果我们想了解它(价格体系)的实际职能,我们就必须把价格体系看作是一个交换信息的机制……有关这一系统最重要的事实是其运行所依靠的知识之少,或者说个体参与者为采取正确行动所需知识之少……通过某种符号,只有最基本的信息被传递出去"(Hayek,2003 [1945])。哈耶克实际上将米塞斯所提到的智识分工问题扩展成为市场的知识论问题。

在此,哈耶克对于价格的信号功能的认识仍侧重于均衡方面,即均衡价格作为经济信号的作用,促使基于分立知识做出的分散化决策的即时的协同。这与事后奥地利学派反思所强调的价格功能不均衡方面存在差异。价格不均衡方面的功能在于激发与分立知识和信息的可获得性有关的企业家发现方面。当然，这种更深入的理解实际上在论战之中米塞斯和哈耶克对于动态市场过程的相关论述中都已显露出了迹象。

正如拉瓦伊（Lavoie，1985）已经充分证明了的，在奥地利学派对市场经济的认识中，价格的真正作用与兰格的认识完全不同。对奥地利学派而言，价格产生于一个扩展的语境中，在那里企业家必须应对真正的奈特式的不确定性（knightian uncertainty）。这种语境产生了"真正的选择，它将激发竞争的发现过程"①。在这种语境中，企业家"并不把价格当作其无法控制的参数，而是相反，代表驱使价格朝着协同方向运行的重要因素"②。无论如何，新奥地利学派视价格为激励发现，必须看作是一系列认识深化过程中更进一步的发展，必须肯定地认为，这种深化过程已经在很大程度上受核算论战推动。

事实上，正是哈耶克基于其知识论及价格功能的诘问，构成了对兰格竞争性社会主义方案的真正有力的反驳。他表明了奥地利学派对市场的观念与兰格的"竞争方法"之间的本质差别：市场的效率来源于通过竞争过程对分散于个人之间的"默会知识"和特定时空的具体知识的有效利用，而中央计划局不可能掌握这类知识，"生产者"也无法把这类知识传递给中央计划局。但是在当时，这一论证思路混杂于如前面章节所述奥地利学派一方诸多观点之中，未获得其应有的显要位置和辩论对手的重视及回应，因而造成了日后对于论战评价的标准阐述与奥地利学派之间的分歧。

哈耶克在 1936 年的《经济学与知识》一文发表之后，在其研究方向上逐渐发生了重大转变。1964 年哈耶克写道："我曾经是个十分单纯而狭隘的经济学理论家，后来却从专业经济学转向通常被视为有着哲学性质的各种问题"③。哈耶克在其对新古典均衡的批评和分散知识的思想发展基础之上，进一步提出了自发扩展秩序理念，继承和发展了古典

---

① D. Lavoie, *Rivalry and Central Planning: the Socialist Calculation Debate Reconsidered*, Volume VI, Cambridge University Press, 1985, p. 137.
② Ibid., p. 129.
③ 考德威尔：《哈耶克评传》，商务印书馆 2007 年版，第 246 页。

自由主义经济演化思想。

第六节　当事人对论战的反思

20世纪30年代这场以社会主义经济核算为题的思想大论战所涉及的思想领域和思考深度以及所带来的影响都远远出乎了辩论当事各方以及之后的评论者的意料。在论战之后的四五十年代人们通常认为其争论的焦点在于对于社会主义经济的效率或者可行性问题（Bergson, 1948; Schumpeter, 1954; Samuelson, 1948），并形成了认为社会主义者在论战之中占了上风的所谓标准评价。而在更后期的新奥地利学派对此的反思则发现论战的更实质性的问题在于均衡理论的理解方面（Steele, 1981; Murrell, 1983; Temkin, 1989; Lavoie, 1984）。事实上，由于论辩问题的复杂以及辩论的对象的不同，争论双方在二三十年代论战期间的思想也处于一个动态发展过程。其中的某些关键性论点是经过多年之后，才得到清晰的解释。

一　兰格与计算机社会主义

在看到哈耶克对自己的观点进行直接的批评之后，兰格于1940年8月31日致信哈耶克信中写道："如果我冒昧地把你的文章中的观点看成是你的第三条防线的话，还望不要介意；这一次，你把争论的重点从纯粹的静态方面转移到动态方面。不过，老实说，你为此而将整个问题移向另一个层次，这一层次也的确重要，但是却要求（在找到令人满意的答案之前）做出新的研究和新的解释；毫无疑问，你已经成功地提出了基本的问题，显示出了我给的纯粹静态解决法的缺陷。我打算在今年秋天的某个时候研究这一问题，对你的论文给出答复"[①]。兰格还指出："我并不认为由一个实际的中央计划局定价是一个实用的解决方式，在我的论文中这只是一个方法论的设计……事实上，我当然会建议

[①]　考德威尔：《哈耶克评传》，商务印书馆2007年版，第83页。

只要可能即只有当买卖单位的数量足够大时，由完全的市场过程定价。只有当这些单位的数量如此之小以至于制造商寡占、买主寡占和双方垄断居主导地位时，我才赞成由公共机构根据我在小册子里提出的原则定价，以作为一种实际的解决方式。在这样的情形下，定价也是在资本主义下进行的，只是这是垄断的定价，而不是价格有利于公共福利政策。我还要补充的是，正如在我小册子的最后部分指出的那样，只有在竞争性市场的自动过程不能发挥作用的领域，我才赞成实际的工业社会化"[1]。

从这封信看，兰格的观点有些退却。中央计划局定价只是一个方法论的设计，而不是一个实用的解决方式。兰格在信中赞成由完全的市场过程定价，这表明他以一种委婉的方式表示在论战中自己的观点有待修补。兰格最终没有像信中所说的那样对哈耶克做出回答。对此，他曾解释说（1945）："那篇文章与我现在要对该问题所写的相距太远，我恐怕任何修订都要做出糟糕的不符合我的思想的妥协。因此，我倾向于让文章绝版，并以全新的形式表述我现在的观点。"[2]

一方面，第二次世界大战后，兰格在波兰政府中担任过经济委员会主席等职，对于社会主义经济实际运行有了更直接的考察和体验；另一方面，在20世纪50年代末，控制论和电子计算机在经济上的应用受到重视，苏联开始在经济管理中大规模使用计算机收集、加工、处理经济信息。这些因素都导致兰格对论战的思考有了新的发展。

如果说兰格从事经济实务的经历可能会加深他对于自己的竞争解决方案的现实性的怀疑，那么这种疑虑很快就被科学技术的进步所打消。1957年他发表了《计算机与市场》的文章，认为市场与计算机各有优缺点。兰格把计算机和市场作了比较，发现两者之间有某些共同之处。它们都会进行复杂的"核算"。成千上万商品的供求，就像有成千上万个元素的成千上万个联立方程组。市场中的价格就是这个方程组的解。

---

[1] 诺夫：《可行的社会主义经济学》，华夏出版社1991年版，第6页。
[2] 转引自《新帕尔格雷夫经济学大辞典》（1987），第3卷，经济科学出版社1996年版，第137页。

兰格认为，计算机是事先的市场，市场是事后的计算机。无疑科学技术的巨大发展使兰格对于社会主义经济核算的解决又产生了希望。因此，兰格在该文中乐观地写道："如果今天我重写我的论文，我的任务可能简单得多。……让我们把联立方程放进一架电子计算机，我们将在一秒钟内得到它们的解。"①

二 奥地利学派的市场过程与均衡观

米塞斯在20世纪30年代并没有直接回应批评者，他在1949年出版的《人类行动》一书中重申了自己20年代的观点，并且详细论述了其市场过程思想，对形式主义的均衡观点和试错法做出了间接的批评。哈耶克在师从维塞尔之时，对于新古典的一般均衡思想持较为肯定的态度，当在米塞斯的影响下经历了这场大论战，到30年代末，已经从一个瓦尔拉斯主义者转变成为一般均衡观的反对者（Caldwell, 1988）。米塞斯与哈耶克在这场经济核算大论战当中各自强调的理论重点有所不同，为应对均衡理论家的反问，米塞斯更多地从市场过程角度进行论述，而哈耶克则提出了对市场的知识论层面的论据。两人在基本的方法论上也有所差异，哈耶克在英国受到波普尔的实证主义影响，对米塞斯的先验方法不完全赞同。在后来的回忆中，哈耶克提到他1937年那篇有关经济学与知识的论文的目的是"试图让米塞斯相信，他关于市场理论是个先验体系的说法是错误的；只有个人行为的逻辑才是先验的，一旦你从这一点进入与许多人的相互交往，你便走进了经验领域"②。然而两人都坚持了奥地利学派的主观主义传统，并在对新古典社会主义者的市场均衡观念的批判上保持了一致。

奥地利学派的创始人门格尔与英国的杰文斯、洛桑学派的瓦尔拉斯被并列为边际革命的发起人，也往往都被视为新古典经济学的创建者。在20世纪30年代的这场大争论之前，奥地利学派与新古典学派之间的

---

① 转引自李可等《20世纪初的西方经济学》，复旦大学出版社1990年版，第138页。
② 考德威尔：《哈耶克评传》，商务印书馆2007年版，第264页。

差异并未被理论界所发现或者重视。正是这场争论使对于市场经济理解的奥地利特质逐渐显现出来。

从新奥地利学派的观点来看（Jaffe，1976；Streissler，1973），门格尔思想之中的主观主义要远远大于其边际主义，也许与门格尔相比，其后继者维塞尔更称得上是边际理论家。在杰文斯和瓦尔拉斯看来，边际效用概念的价值在于它在给定的交易环境中有力地展示了均衡的条件。而在门格尔看来，均衡纯粹是一个有用的限制性情形，这一情形描绘了在其中不存在对于交易者的进一步激励的境况；边际效用的重要性正在于它本身能对交易过程进行分析，而不论任何实际的均衡结果的具体表现如何。施特赖斯勒（E. Streissler，1973）指出，奥地利学派强调的是"边际效用"之中的"效用"，而新古典学派则关注于前面的定语"边际"。门格尔的理论显示了主观的"效用"考虑，在决定经济价值时，起到了独特的作用。正是这种更为彻底的主观主义，使门格尔不是关注于连续和可微分的边际性质方面，而是着重于对经济现象获得实质性理解的效用概念方面。价格均衡理论没有解释导致市场价格的行为"顺序"。要理解这一顺序，就必须理解构成这一顺序的行为的最初原因，也就是主观的效用。因此，奥地利学派从主观主义出发符合逻辑地关注了过程而不是均衡状态。

米塞斯在 20 世纪 30 年代的多篇论文之中使用了均衡概念。例如，他如此论述均衡指导生产："市场价格使得需求与供给达成平衡，并且决定了生产的方向和范围"（Mises，1932），以及直接使用均衡的字眼"变化的市场价格导致供给与需求均衡……干涉主义的政策则阻止了均衡状态的达成"（Mises，1932）。在经历了 30 年代社会主义经济核算大论战之后，米塞斯意识到不能对均衡继续采用传统的简单笼统的表述。在其《人类行为》之中，米塞斯对于均衡的理解有了更多的奥地利学派特性。米塞斯使用了两个均衡概念：第一，最终静止状态（the final state of rest）表示所有个人之间的完全协调的理想状态；第二，恒常静止状态（the plain state of rest）表明在面对未来的不完全知识条件下的个人计划之间的一致。米塞斯论述道："人们在市场上不断进行交换直到由于没有人能够预期从新交易之中获得改善为止。可能的购买者认为可能的出售者所提出的价格不能令自己满意，反之亦然……"此时的状态就是米塞斯的均衡状态，"这种静止状态，我们可以称之为平常静止状态。它并不是一种想象的建构，而是在现实之中不断发生经过"（Mises，1949［1945］）。米塞斯认为，这种恒常静止状态是一个市场在每一时刻都在不断经历的过程的忠实描述。这种恒常静止状态来自不完美的企业家计划和不完全的知识。而对于第二种均衡状态，米塞斯认为："我们关注价格变动趋势的决定因素，试图找出趋势在其所有驱动力量消耗完毕之前的目标所在，于是一个新的静止状态出现了。与这种未来静止状态相符的价格称为静止价格……为避免误导将这种静止状态视为最终静止状态是适宜的。这种最终静止状态是一个想象的建构，而不是对于现实的描述。因为最终静止状态永远也不能真正获得。在其实现之前新的干扰因素就会出现。诉之于这个想象架构的必要性在于市场每时每刻都在朝着最终静止状态移动的事实"（Mises，1949［1945］）。

　　米塞斯在此表述的最终静止状态的均衡观与瓦尔拉斯一般均衡基本一致。这说明他可以接受这种非现实的抽象理论构想。而所谓恒常静止状态的均衡观则更为接近现实，并且也更具有从奥地利学派主观主义出发的过程构想。在此时米塞斯（1949）也提出了其市场过程理论："市场过程是市场社会的各色成员，按照多边合作的要求，调整其个别行动的过程。"米塞斯的市场过程理论与其对企业家的分析密不可分。在米塞斯看来，市场过程就是企业家对纯利润进行积极的富有冒险精神的追求所驱动的一个不断纠错的过程，关键事实在于它是企业家追逐利润的竞争，他们不能容忍错误的生产要素价格持续存在。"错误的"生产要素价格之所以是"错误的"，是因为它没能准确反映消费者消费选择的轻重缓急，而它们是可以用来生产诸多不同的消费品的。企业家是"首先了解在实际状态与可能状态之间存在不同的那些人"，他们的行动导致了要素价格的系统性调整，并使消费品价格发生调整。米塞斯的市场过程也就是企业家过程，由永无止境的利润驱动之非均衡移动构成，倾向于不断促进协调，但是永远受到外生和内生因素的冲击和干扰。可以看到，米塞斯的这种均衡观超越了价格供求的平衡而转向个人决策行动的协调，并且具有一种永恒动态的含义。

米塞斯在《人类行为》之中还对兰格等提出的模拟竞争方案做出了某种回应。对于均衡分析的方法米塞斯批评："解方程组的方法是错误的，这是因为它关注于经济均衡的研究和静止状态而忽略了作为行动者和搅动者的企业家"，以及"数理经济学家的偏见，使他们总以为经济学必须按照牛顿力学来建模，并且可以借助数学来研究。实际上他们完全误解了其研究对象，他们研究的不是人的行动，而是一个没有灵魂的，受一些不可再分的神秘力量的驱使的机械。"米塞斯认为均衡分析经济学家的"均匀轮转经济"的假构里当然不存在企业家活动的余地，所以数理经济学是把企业家排除在外的。他们不需要这种引起变动的人物，因为他们永无止境的"干扰"，会使那些假想的制度无法达到完全均衡的静态。他们怨恨企业家的这种干扰，照他们看来，生产要素的价格决定于两条曲线的相交，而非取决于人的行动。"更有甚之，在他描画其所宠爱的成本和价格曲线时，数理经济学家也未能发现，把成本和价格化约成可比较的同质的量，必然会涉及某种共同交换媒介的使用。他制造出一个幻想，即纵使缺乏可表现生产要素间交换率的共同单位，成本和价格的核算也是可行的。因此一个可能的结果是，在数理经济学家的著述中将出现一个社会主义的假构，而且这一结构被视为一个可实现的分工合作制度，一个以生产资料私有制为基础的制度的替代物。"而对于泰勒和兰格所提出的试错法，米塞斯认为："两个因数相乘的正确答案只有从算术程序的正确运用才能得到。用尝试错误法来猜固然也可以，但在这种场合，尝试错误法决非运算程序的替代。如果运算程序未曾提供一个区别对错的标准，那它就是无用的"（Mises，1949［1945］）。

哈耶克在论战后期及以后，以其独特的知识论角度对米塞斯所提出的市场过程理论进行了发展，将米塞斯以企业家为核心的市场过程具体解释为在竞争中对于知识的发现过程。在哈耶克看来，竞争是一个发现某些事实与知识的过程，通过竞争过程市场能够解决分散知识的利用问题,"哪些产品是稀缺的或者哪些东西是产品,它们的稀缺程度有多大、价值有多高,这恰恰是竞争需要发现的事实"(Hayek,1978)。特定情形下生产成本、消费者偏好、新产品在哪里以及开发新产品可能性的相关知识、什么是稀缺资源以及稀缺程度和价值高低等这样的信息散布于个人,难以被掌握;而价格机制和竞争会随着市场的演化而变化,只有通过竞争过程这些信息才能被发现(Hayek,1976[1946])。企业家将其发现转变为市场行为,由价格体系传递价格信号。通过这样的方式,市场主体之间相互学习并调整自己的行动,根据变化的条件采取有效率的行为。通过传递信息,竞争提供了统一和连贯的知识,成为驱动经济体系收敛于均衡的过程,使分散在市场中的消费者偏好和可资利用资源等分散知识得到有效利用。

哈耶克作为维塞尔的学生和米塞斯的助手,在均衡思想方面表现出了更多的复杂性。一方面,他试图解决维塞尔的简单经济构想之中提出来的"归于难题"(the puzzle of imputation)而陷入一般均衡的分析模式,并且这种影响在其后期的货币与经济周期理论之中也可看到(Butos,1985);另一方面,在社会主义经济核算大论战之中他作为奥地利学派一方的主力干将与米塞斯一样对新古典均衡产生了怀疑。哈耶克对于均衡的理解与米塞斯的动态恒常静止状态保持了一致,并且将均衡的概念转移到自发秩序和竞争性发现过程上来。

1968年哈耶克在其题为"作为一个发现过程的竞争"的讲演中说道:"经济学家们通常把竞争中所产生的一种秩序称作为均衡。而均衡是一个有些误导的概念。因为,这样一种均衡假定,所有事实已经确知,因而竞争也就停止了。而我宁肯使用'秩序'而不是'均衡',是因为至少在讨论经济政策的层面上,'秩序'概念有其优点,那就是,我们能说秩序达到了某种程度,况且秩序也能够通过一个变化过程而保留下来。这与经济均衡从来就未真正存在相比,当说我们的理论所描述的某种秩序是理想型的时候,至少有其正当理由。"① 由此不难理解,

---

① 转引自韦森《哈耶克:均衡与秩序》,《经济学消息报》2000年12月29日。

在经历了 20 世纪 30 年代大争论之后，哈耶克的学术兴趣更多地转移到了政治社会学领域，其研究重点转向"自生自发的秩序"（spontaneous order）理论。

市场的均衡观来源于古典政治经济学。古典均衡观的核心在于"自然秩序"。按照法国重农学派带有浓厚宗教色彩的理解，就是人类社会经济生活之中存在一种不同于"人为的"实际秩序的"自然秩序"，而其存在的基础则在于神定的自然法则。亚当·斯密继承英国启蒙学者的传统，把重农学派的那种由上帝外加于人类社会的秩序转化成为从人的本性和自利行为中自然产生出来的秩序。这种秩序使复杂多样的活动遵循着市场竞争的逻辑运转，从而把个人对自身利益的追求引导到促进社会利益的轨道上去（杨春学，1998）。瓦尔拉斯的一般均衡理论对古典市场均衡观念进行了形式化论证，坚信自己继承了亚当·斯密衣钵的均衡学派因此也被称为新古典学派。然而，正是这场关于社会主义经济核算的大论战，使奥地利学派明确了自己与新古典的差异。新古典均衡学派使用均衡理论来为社会主义计划经济辩护的事实，显示了奥地利学派真正继承了亚当·斯密的自由主义传统，他们以主观主义为基础的人类行动学和知识论推进了市场的自然秩序的研究。

米塞斯与哈耶克都坚持了奥地利学派的主观主义传统，并终其一生反对社会主义计划经济以及各种各样的管制经济理论。1969 年 5 月 29 日，88 岁高龄的米塞斯在纽约大学"经济理论研讨班"上所作的告别演讲的主题是"社会主义对抗自由市场"。而哈耶克在生命的最后时期力图总结其思想的最后一部论著《致命的自负》，其副标题则是"社会主义的谬误"。回顾这场 20 世纪 30 年代大争论可以看到，在当代自由主义经济学的两大流派之中，奥地利学派比新古典更坚定地坚持了自由主义的立场。

第三章 对争论的反思（一）：对争论原型的解释与修正

兰格借助一般均衡方法破解社会主义经济核算难题的智慧，征服了同时代几乎所有经济学家，以致连奥地利学者内部的熊彼特和社会主义的坚定反对者萨缪尔森都亲自为之摇旗呐喊，于是，在大约30年的时间里，留给多布们以外的经济学家思考的不再是社会主义进行经济核算是否可能，而是如何在"命令体制"之外，寻求市场社会主义的实践。

20世纪四五十年代兰格以胜利者的姿态和波兰驻美国第一任大使等的身份，风光无限地周游于美国的讲坛；60年代兰格面对计算机的使用，更是春风得意，自负地指出，求解核算需要的上千个联立方程不过是一件转瞬即可完成的事情而已；幸运的是，在1965年，年仅61岁的兰格告别他灿烂人生的时候，正在如火如荼进行市场社会主义实践的东欧的情况，仿佛如他预见的一样。与兰格的处境正好相反，40—60年代，被视为战败方的米塞斯却孤独地流浪于美国的街头，正在无奈地品味一次又一次求职被拒绝和投稿被退回的感受；接力者哈耶克的处境也十分尴尬，不能不放弃经济学专业学者的风范，无助地发出"社会主义"是"走向奴役的道路"呐喊。然而，事情的发展并不总是像我们想象的那样，随着时间的推移和市场社会主义在东欧实践中问题的暴露等，进入70年代，奥地利学派隐藏的智慧被逐渐发掘出来。与兰格同样幸运的是，"战败方"米塞斯92岁的长寿，使他有机会在目睹这一变化后才得以安然离去，而哈耶克却在其师米塞斯去世后的第二年即

1974年走向了诺贝尔经济学奖神殿，也因为与米塞斯同样92岁的长寿，哈耶克还有机会目睹了东欧社会主义剧变。

本章不拟对这些变化事件进行追溯，仅对社会主义经济核算论战本身的解释给予叙述。在介绍时，考虑到读者对"标准版"解释内容可能比较熟悉，力争增加一点鲜为人知的材料，比如熊彼特支持兰格"隐藏的理由"，对读者可能不熟悉的"修正版"解释，更加强调本身的内容和逻辑，而对于读者可能真正关心的充满战火色彩的东欧国家市场社会主义理论的实践，我们留在下一章介绍。

第一节 对争论原型的"标准版"解释

对于社会主义经济核算论战，20世纪40年代末，柏格森（Bergson）的评论具有很深的影响，他认为米塞斯的理论主张甚至在论战开始以前就已经被证明是错误的（Bergson，1948），而新古典经济学派大师萨缪尔森（Samuelson）的评论进一步加强了学术界对米塞斯论战一方失败的认同。[①] 50年代初，奥地利著名经济学家熊彼特（Schumpeter）的解释"不仅符合标准的观点，而且极大影响大多数学者的意见"（Lavoie，1981）。柏格森、萨缪尔森和熊彼特的解释形成了社会主义经济核算论战的"标准版"解释（Cottrell and Cockshott，1993）。

按照"标准版"解释，社会主义经济核算至少在理论上是可行的，辩论以奥地利学派的明显失败而告终。早在米塞斯之前，帕累托和他的信徒巴罗内已经证明"社会主义经济核算不可能"的观点是错误的，因为让系统"有解"所要求的需求和供给方程的数量，在社会主义与资本主义中都存在。哈耶克和罗宾斯放弃米塞斯"极端"的观点，从"理论的可能性"退回到防卫的第二线（second line of defence）——"实践的可行性"，即承认社会主义经济在理论上是可行的，但否定计划当局求解成千上万个方程的"实践的可行性"。幸运的是，兰格和勒

[①] 也包括哈耶克（Hayek）和罗宾斯（Robbins）在内。

纳等提出的计划当局通过"试错法"寻找均衡价格的"竞争解决方案"足以从理论上回答哈耶克和罗宾斯对于社会主义理性核算的挑战。[①] 于是，社会主义经济，至少在"市场社会主义"版本上，进行理性核算是可行的。

一　柏格森对争论的解释

柏格森（Bergson）的论文《社会主义经济学》被看作社会主义经济核算论战"标准版"解释的奠基之作。熊彼特（Schumpeter，1954）称柏格森"极全面地描述了社会主义经济理论的发展"；沃德（Ward，1967）认为社会主义争论"伴随柏格森的总结而结束"；布鲁斯（1961）称柏格森的评论"以其精确性和彻底性而著称"。[②]

在《社会主义经济学》中，柏格森倾向于不加批评地完全接受兰格的理论和拒绝米塞斯的理论（Lavoie，1981）。他在评论的一开始就指出："到现在为止，至少根据兰格的解释，米塞斯提出的辩论问题，是没有多大力量的"，"没有发现充足的理论支持米塞斯的理论"。接下来，我们来看一下柏格森对社会主义经济核算论战的评述。

第一，在20世纪初，帕累托和巴罗内已经证明，社会主义经济的最优资源配置与完全竞争的市场制度的资源配置，在形式上是等价的，都可以通过瓦尔拉斯的一般均衡方程组求解。

第二，或许不知道帕累托和巴罗内的证明，1920年米塞斯断言："社会主义经济不可能进行理性经济核算"。如果米塞斯只是断言社会主义一般均衡在逻辑上不可能实现，那么，帕累托和巴罗内的论证事实上早就给出了答案。按照哈耶克在1935年论文集提出的解释，也许米

[①] 对于"标准版"的概括很多，如拉沃伊把"标准版"的解释分解为7个问题（1981），而后又分解为5个问题（1985）。本文主要根据柏格森（Bergson，1948）、熊彼特（1976 [1950]）、熊彼特（Schumpeter，1954）、萨缪尔森（Samuelson，1976）、拉沃伊（Lavoie，1981，1985）、罗斯巴德（Rothbard，1991）、Klein（1996）、Keizer（1989）的叙述进行了概括。

[②] Lavoie（1981；1985）、Keizer（1987；1989）、Temkin（1989）、Rothbard（1991）、Cottrell和Cockshott（1993）、Adaman和Devine（1996）等对社会主义经济核算争论的介绍时，无不提到柏格森。奥地利学派支持者和反对者在介绍的视角上有些差别。

塞斯想要证明：即使社会主义理性经济核算在逻辑上可能，但没有实现它的实际方法。

第三，哈耶克从奥地利学派站不住脚的强硬立场（社会主义经济核算是不可能的）退到较弱的立场（社会主义经济核算面临实践上的困难）。也就是说，在实践中社会主义不可能求解所有必要的方程式，只有市场机制能做到这一点。

第四，退却了奥地利学派的阵地，又遭到兰格的成功攻击。按照兰格的解释，社会主义可以模仿瓦尔拉斯的"拍卖者"，用"试错"的方法获得一组均衡价格，没有必要求解所有的方程式。

因此，辩论以奥地利学派的失败而告终。

在结束这篇著名的论文时，柏格森耐人寻味地讲道："假如没有理性核算'实践'的基础，经济大概将会垮掉"，然后很有把握地总结道："争论几乎没有留下任何空间：自然，社会主义能够运行。在这个问题上，兰格确实让人信服。然而，如果这是唯一的结果，人们会惊讶：在这个阶段，这样一个精心设计的理论证明是否适宜。毕竟，苏维埃的计划经济已经运行 30 年。无论对它可能说什么，但它却一直没有垮掉"。

最早对"标准版"提出挑战的经济学家之一斯蒂勒（Steele），在《布尔什维克政策的失败和后果》一文中，对柏格森的上述观点做出有趣的评论："它是正确的，苏维埃的计划经济既没有混乱，也没有垮掉，但是，它却带来连续的'巨大的浪费'"（Steele，1981a）。苏联东欧剧变后，新奥地利学派的掌门人之一罗斯巴德（Rothbard）在回顾柏格森当时的评论时，不无讽刺地说道："为一个理由或另一个理由，苏维埃的计划经济一直没有垮掉，因而，它一定是可能的"（Rothbard，1991）。

值得注意的是，大约 20 年以后，柏格森（Bergson，1967）的观点有了明显的改变，他不再被兰格的"竞争解决方案"所折服，而是开始怀疑市场社会主义的效率。①

二 新古典学派大师萨缪尔森的推动

兰格利用"新古典范式"证明社会主义经济核算可行性的做法赢得了自喻为"21世纪最后一个天才"的新古典学派大师萨缪尔森的青睐，他毫不犹豫地将它写进了可以获得"银河奖"的教科书《经济学》之中②，为兰格一方的"胜利"立下了汗马功劳。有趣的是，兰格并不是一个真正的马克思主义者。也许，说兰格是西方主流经济学的青睐者更为合适。③

或许是由于教科书传播范围较大的缘故吧，萨缪尔森（Samuelson，1976）在《经济学》教科书中对社会主义经济核算的解释，被称为"标准版"解释，如莫雷尔（Murrell，1983）评论道："标准的观点由萨缪尔森给出"。

萨缪尔森（Samuelson，1976）在"福利价格决定的简史"小节中，在很不情愿地写出"他们不能证明他们相信的东西"④ 之后，接着就开始了对社会主义经济核算的评论（Samuelson，1976）：

1990年左右，帕累托证明：一个理想的社会主义必须和竞争的资本主义一样求解同样的方程。1920年左右，或许并不知道帕累托的证明，L. V. 米塞斯提出挑战性的观点认为：如果没有自由市场，那么，合乎理性的经济组织在逻辑上是不可能的。密歇根的F. 泰勒、英国和加州的A. P. 勒纳和波兰的O. 兰格回答了米塞斯。他们的观点是：社会主义可以在理论上解决经济组织的问题，其办法为通过官员们的不断分散化过程——"从事竞争的游戏"和"故意没有计划的计划"。

---

① 拉沃伊（Lavoie，1981）、凯泽尔（Keizer，1987）、柯兹纳（Kirzner，1988）、皮尔森（1995）等注意到了这个变化。
② 萨缪尔森摘取了经济学的所有大奖，并狂傲地宣称，如果经济学设立个"银河奖"，他也能够获取。
③ 兰格不仅精通新古典经济学理论，而且发展了凯恩斯理论。
④ Samuelson, Paul A., 1976: *Economics*, Tenth Edition, New York London Tokyo etc., p. 642.

萨缪尔森认为，米塞斯或许是在不知道帕累托证明的情况下，提出了"社会主义经济理性核算不可能"这一被否定了的观点。对于从"理论的不可行"退却到"实践的不可行"的哈耶克，萨缪尔森无可奈何地写道（Rothbard，1991）：

> F. A. 哈耶克争辩说：上述答案忽视了使每个人都具有积极性来改善现有的资源分配的必要性，也忽视了只有在实际的自由企业的情况下，人们才能有效地利用逐渐扩散到他们的信息这一事实。他指出：认为生产和成本函数均为已知是幼稚的想法。他认为：这些函数和移动的需求函数必须经过探求才能得到并且需要加以改善。谁来监督勒纳和兰格所说的分散化了的官员们以便推动他们从事竞争的游戏？如果利润或较高收入的形式与官员们自己利益无关，那么，谁来审核他们确实做了竞争的游戏。

在萨缪尔森看来，社会主义经济核算的问题已经解决，激励等问题与经济核算本身没有太大关系，争论以米塞斯为代表一方的失败，以兰格为代表的一方获胜而告终。

萨缪尔森主编的《经济学》教科书风靡全球，每2—3年都会汲取经济学的营养做一次修改，在修改时也会把过时或错误的内容摒弃掉，然而，对于社会主义经济核算问题的介绍，从1948年第1版开始，直到1976年第10版，都没有做过修改，侧面反映出"标准版"的解释影响时间之久和影响范围之广。[①]

三 奥地利著名经济学家熊彼特的赞同

作为奥地利著名经济学家，熊彼特并没有在这场争论中成为奥地利学派的支持者。如果说米塞斯和哈耶克通过"社会主义经济不可能进

[①] 值得注意的是，由于兰格是通过新古典假设下的均衡求解得出结论的，因而，理所当然的在以新古典模型为核心的经济学教科书中，认为兰格一方取胜，而一旦写进了教科书就会产生很大影响，这是兰格一方占据优势的另一个原因。

行理性核算"来捍卫"具有私人所有权和货币价格"的资本主义的话，那么，熊彼特则是在对"社会主义经济纯理论是否可行"的探讨中对社会主义经济核算争论给出了"不仅符合标准的观点，而且极大影响大多数学者的意见"（Lavoie，1981）的解释。熊彼特的解释影响之大，可以从新奥地利学派的代表人物罗斯巴德（Rothbard，1991）评论看出来："兰格编制的社会主义经济核算辩论的神话，在熊彼特的支持和帮助下，事实上，被所有经济学家（不论是什么意识形态的）所接受"（括号为笔者所加）。

熊彼特这位经济思想史学大师之所以能站在兰格一方，除兰格的结论与他的"长驱直入社会主义"观点有异曲同工之妙外，还有一个"隐藏的理由"，那就是熊彼特是兰格在哈佛大学工作期间的指导教师，两年的时间给熊彼特更多将大师的思想传授给兰格的机会。[①] 或许兰格论证使用的瓦尔拉斯的一般均衡理论，甚至其论证的思想，都是从熊彼特那里直接获取的，因为在熊彼特视野里，瓦尔拉斯是"经济学家中最伟大的一位"。[②]

熊彼特对社会主义经济核算的解释主要体现在《资本主义、社会主义和民主》（1999）和《经济分析史》（Schumpeter，1954）两部影响巨大的著作中。[③] 他是以社会主义经济纯理论的可能性为核心，以实践的可行性和是否具有效率为补充进行论述的。

在《资本主义、社会主义和民主》著作的"社会主义蓝图"一章中，熊彼特提出了社会主义经济在纯理论上是否可能的命题。他写道："首先，我们必须弄清楚社会主义经济的纯逻辑性有无错误的地方。因为，虽然那个逻辑性健全的任何证明并不能使任何人相信社会主义，或者事实上不能很好证明社会主义是一个实际可行的计划，逻辑上的不健全，甚至试图证明逻辑健全的失败，其本身足以判定它有固有的荒谬

[①] 参见《新帕尔格雷夫经济学大辞典》（1987）第3卷中关于"兰格，奥斯卡·雷萨德"的词条。
[②] 参见郭冠清（2012）《西方经济思想史导论》中关于熊彼特的生平介绍。
[③] 在社会主义经济核算有关的文献中很少能看到熊彼特《经济分析史》的相关论述。

性"（熊彼特，1999，第265页）。

为了进一步把社会主义经济纯逻辑性问题表述清楚，熊彼特补充道："更明确地说，我们的问题可以综合如下：假设想象的那种社会主义制度，它有可能根据它的数据和根据合理行为规律做出生产什么和如何生产的独一无二的决策吗？它有可能把同一事物编制成正确经济学口号，在社会主义经济条件下，利用那些数据和规律，编制出独立的、一致的——即没有矛盾的——和有足够数目来卓越地决定中央局或生产部面临问题的未知数的方程吗？"（熊彼特，1999，第265页）

对于社会主义经济纯逻辑性有无错误的问题，熊彼特做出了明确的回答："回答是肯定的。社会主义的纯逻辑性并无错误。事情十分明显，如果不是因为它经常被否定这个事实，和正统社会主义者在具有强烈资产阶级观点和感情的经济学家教给他们本领之前，提不出满足科学要求的答案这个更奇怪的事实，我本来不会坚持要说这一点的"（熊彼特，1999，第265页）。

接着，熊彼特对米塞斯的观点进行了评述："我们需要提到唯一否定社会主义纯逻辑性正确的是L.冯·米塞斯教授，他从合理经济行为必须要有合理的成本核算，因此要有成本要素的价格和为成本要素定价的市场为先决条件这个前提出发，他的结论是，在社会主义社会里，因为没有这样的市场，就不存在合理生产的指路明灯，因此社会主义制度（如果能运作的话）不得不以盲目的方式运作。对于类似这种的批评，也许对于他们自己的某些怀疑，社会主义正统派中的合格代表人物最初没有提出很多的反对意见，只能争辩说，社会主义管理部门能够从它的资本主义先辈所发展的价值体系开始——这无疑和讨论实际困难有关，但和原则问题根本无关——或者能够从对他们天国奇迹般的光荣和赞歌开始，在天国里很容易全部省却像成本合理化那种资本主义的玩意儿，在天国里同志们以随便取用从社会主义商店涌流出来的大量礼品来解决全部问题。这等于接受那个批评，有些社会主义者看来实际上甚至到今天还抱有这个想法"（熊彼特，1999，第265—266页）。

然后，熊彼特通过对创立社会主义经济纯理论的巴罗内等理论的介绍，支持了上述社会主义经济纯理论并无错误的观点，同时批驳了米塞斯的观点。① 在《经济分析史》著作的"计划理论与社会主义计划"② 一节中，熊彼特对社会主义纯理论问题作了进一步的论述。他写道（Schumpeter，1954）：

> 维塞尔、帕累托和巴罗内这三位完全不赞同社会主义的领袖，创立了实质上是有关社会主义经济的纯理论，从而对社会主义学说做出了社会主义者自己也从未做出的贡献。我们知道，马克思本人从未试图描绘他自己设想的未来的中央集权制社会主义的运行方式。马克思的理论是对资本主义经济的分析，这种分析无疑是按照以下思想进行的：即资本主义将不可避免地"崩溃"，从这种崩溃中将产生"无产阶级专政"，由此将产生社会主义经济；但到此却戛然而止，没有提出任何与社会主义经济这一名称相符的理论。

通过对维塞尔、帕累托和巴罗内对社会主义纯理论的贡献的介绍，熊彼特给出了结论性的评述：

> 巴罗内的研究或任何与此相类似的研究的主要结果是，**无论对于哪种中央控制的社会主义，均存在这样一组方程，这组方程具有一组唯一确定的解，其意义与条件与完全竞争的资本主义一样，而且享有相似的最大性**。用技术性不那么强的话来讲就是，就其纯逻辑来说，社会主义计划是有意义的，不能认为它必然招致混乱、浪费或无理性而予以摒弃。这不是件小事，我们有权再次强调以下事实的重要性，即对社会主义学说的这种贡献，是由一些本身并不是社会主义者的作家做出的，这雄辩地证明经济分析的独立性，证明

---

① 由于下文介绍的《经济分析史》在该问题的叙述更准确和全面，为避免重复，这里不再作介绍。
② 均衡分析（Equilibrium）一章。

它是不受政治倾向或政治偏见影响的。（熊彼特，1999，pp. 988 - 989，黑体为笔者所加）①。

有了社会主义纯理论的基础，熊彼特开始对米塞斯的挑战发难："虽然我们不能深入探究这些问题，但必须指出，也有一种反社会主义的纯理论上的论点（为冯·米塞斯、冯·哈耶克和罗宾斯等教授所提出），即尽管描述社会主义国家静止状态的方程有一组确定的解，但由于生产手段不属于私人所有，却没有实现这组解的机制。**该论点肯定是错误的**。这组解可以用下述'试错'方法来实现"（熊彼特，1999，p. 989，在正文的注释部分，黑体为笔者所加）。

解决了社会主义经济理性核算在理论上的可能性问题之后，熊彼特自然也提出了在实践上具有可行性，他写道：

> 任何种类的中央集权社会主义能够成功地清除第一道障碍——社会主义计划逻辑的明确性和一致性——我们立刻可以同样越过第二道障碍。第二道障碍是"实际上的不可能性"，看来大多数反对社会主义经济学家在纯逻辑问题上失败后目前倾向于推倒这个障碍。（熊彼特，1976）

然后，熊彼特很有把握地回答道：

> 解决社会主义经理部门面对问题的办法不但像实际解决商业社会经理部门面对的问题那样是可能的，而且更加容易。……中央局能够而且在某种程度上愿意不可避免地担当信息交换所和决策协调人的角色——至少会像包罗一切的卡特尔的执行局那样工作。这种做法将大大减少工厂管理人员要做的工作量，管理这样一个制度所必需的知识要比引导一家有任何重要性的公司通过资本主义海洋惊涛骇浪所需要的知识要少得多。这点足以证明我们立论的正确。

---

① 这里大段引用熊彼特的原话，主要是想把熊彼特关于社会主义纯理论的真实思想展示出来，而一旦"社会主义纯理论可行"的问题解决，米塞斯的挑战自然解决了。

至于，社会主义经济是否存在效率不足的问题，熊彼特通过社会主义与资本主义的比较，认为与"社会机体结构性原则冲突所造成的浪费"的资本主义相比，社会主义蓝图具有很大的优越性。显然，在熊彼特看来，社会主义经济效率高于资本主义。

四　其他学者的支持

著名的经济学家奈特（Knight，1938）是最早对社会主义经济核算做出评价的学者之一。他对兰格1936年的论文给予了"极大的欢呼"（Rothbard，1991），其观点接近"标准版"的解释（Lavoie，1981）。也许像熊彼特一样对瓦尔拉斯均衡偏爱的缘故，奈特认为，社会主义经济的技术基础与资本主义没有区别，因而，各种生产技术的单元——农场、工厂、铁路、商店等——的管理，可以以同样的方法进行。奈特的结论是："社会主义是一个政治问题，可以在社会学、政治学和心理学领域讨论，经济理论与它有很少相关性"（Knight，1938）。在柏格森做出"标准版"解释之前，史威吉（Sweezy，1936）、黎平卡特（Lippincott，1938）等学者也对"标准版"解释的形成做出了贡献。

对于论战"标准版"解释，布鲁特克斯（Drewnowski，1961）的评述不容忽视。他写道："现在每个人都同意，米塞斯的主要观点'社会主义经济核算理论上是不可能的'是错误的"，"米塞斯由于无法解释社会主义经济现实，可能会被忘记，因为他没有掌握苏联实际经济问题的足够数据和在实际中这些问题是如何解决的"。[①]

当时，"标准版"解释的"战败方"处境很困难，米塞斯的论文"被要求构建一个经济模型"才能考虑发表，而哈耶克"富有卓见"的论文被忽视（Vaughn，1980）。

然而，被认为论战失败的一方并没有退却；相反，他们在对最初的观点进行澄清和重新阐述，只是，直到20世纪70年代才有明显的迹象

[①] 引自布鲁特克斯（Drewnowski，1961）的评价是很有影响的，不仅当时有不少的引用，如Roberts（1968，1972），20年后，拉沃伊（Lavoie，1985）在对"标准版"进行评价时对布鲁特克斯还做了专门的分析。

表明，他们的执着逐渐得到了回报（霍华德和金，1992）。①

第二节 对争论原型"标准版"解释的修正

20世纪80年代，苏联和东欧经济的衰退和危机，使苏联模式成为批判的对象，在有关计划与市场关系的思考中，人们又回想起二三十年代的那场争论。此次的反思不仅存在于苏联东欧国家内部的经济学界，更出现于西方经济学界，特别是在80年代的英国经济学界，在新的市场社会主义的名义下，争论甚为激烈。沃恩（Vaughn，1980）、布拉德利（Bradley，1981）、斯蒂勒（Steele，1981a，1981b）、莫雷尔（Murrell，1983）、拉沃伊（Lavoie，1981，1985，1986）、柯兹纳（Kirzner，1988）等②，通过对论战的重新反思和考察，提出了与"标准版"解释完全不同的解释，形成了关于论战的"修正版"解释（an alternative account of the debate）。③

按照新的解释，米塞斯对社会主义的批评，既没有被帕累托与巴罗内的等价理论预先驳倒，也没有被兰格等有效地回应。兰格等考虑的是静态一般均衡的实现，而奥地利学派考虑的却是在技术和偏好持续变化情况下的动态调整过程，他们坚决否定的就是兰格论证使用的新古典经济学范式。④ 根据拉沃伊、米塞斯等从来没有否定社会主义能够在静态条件下顺利进行，而这种静态情况与真实的世界毫无关系，他们坚持认为，社会主义不能有效模仿的不是能否达到均衡的极限情况，而是有资本家参与的资本主义非均衡的动态过程。也许，曾经为市场社会主义大师的布鲁斯的评述更有助于我们的理解：

---

① 拉沃伊（Lavoie，1985）和凯泽尔（Keizer，1989）对此作了很好的概括。
② 凯泽尔（Keizer，1987，1989）、夏皮热（Shapiro，1989）等学者也做出了一定的贡献。
③ 就笔者掌握的文献看，对"修正版"形成影响最大的是沃恩（Vaughn，1980）、莫雷尔（Murrell，1983）和拉沃伊（Lavoie，1985）。有兴趣的读者可以查看凯泽尔（Keizer，1987）、斯佩尔杜托（Sperduto，2004）的评论。
④ 奥地利学派认为新古典经济学范式的均衡理论是静止的和不现实的。

兰格实质上是运用没有资本家的瓦尔拉斯体系来回答挑战的。但是，如果挑战实际上完全不是瓦尔拉斯式的，新古典的观念对任何类型的市场经济都是不正确的，情况又会怎样呢？①

一 沃恩对"标准版"解释的最初挑战

尽管在沃恩（Vaughn，1980）之前对"标准版"解释提出挑战的包括奥地利学派重要的代表人物罗斯巴德（Rothbard，1962，1976）在内的许多学者②，但是，对"标准版"解释具有颠覆影响解释的最早论文，就笔者掌握的文献看，沃恩的《社会主义经济核算：奥地利学者的贡献》应该是第一篇。③ 从某种意义上讲，该论文成为"战败方"奥地利学派重新"走向胜利"的开始。

在这篇著名的论文中，沃恩是从重新审视米塞斯1920年论文开始的。在沃恩看来，米塞斯的论文涉及以下两个主要的命题。在"重述维塞尔—帕累托—巴罗内的辩论"第一个命题中，尽管沃恩没有直接讲出，但是，事实上已成功驳斥了"标准版"解释的三个代表人物柏格森、熊彼特、萨缪尔森都提到的"或许米塞斯不知道维塞尔—帕累托—巴罗内的证明"的论断。米塞斯不是不清楚他们的证明，而是站在不同的角度，更深层次地对该命题提出不同的观点。沃恩评述道："他（指米塞斯——笔者注）明确地指出：期望货币和价格在社会主义下长时间消失的看法是天真的，只要人们有不同的偏好，除非借助于货币和价格系统，否则消费品的分配就会出现问题"。在第一个命题的基础上，米塞斯提出了第二个命题，即"没有基于私人资源的自由市场，经济核算将是不可能的"。按照沃恩的评述，第二个命题惹怒了社会主

---

① 布鲁斯、拉斯基：《从马克思到市场：社会主义对经济体制的求索》（中译本），上海人民出版社1989年版，第76页。
② 霍夫（Hoff，1949）、罗伯茨（Roberts，1971）等学者都提出过挑战。
③ 从"标准版"向"修正版"转变的原因见前述凯泽尔（Keizer，1987）的解释。从论文内容和参考文献中未发现该文对霍夫（Hoff，1949）、罗伯茨（Roberts，1971）和斯佩尔杜托（Rothbard，1976）的引用和相关内容。

义者,"变成努力拒绝米塞斯的焦点",于是,揭开了一场延续至沃恩这篇论文发表时已经 60 年的大争论。

在完成米塞斯主要命题澄清的基础上,沃恩接着对 20 世纪 30 年代社会主义经济理论的发展进行剖析。虽然可能不是第一个,但却是第一次,非常明确地将兰格模式基于新古典范式的理论特征展现了出来,而且使用了"新古典社会主义"这一比用"市场社会主义"来形容兰格模式更加确切的概念。沃恩很有把握地总结道:

> 到 30 年代末,一个新古典市场社会主义的轮廓是完全的……这些新古典社会主义者相信:他们已经显示经济核算在社会主义制度下与在资本主义制度下一样是可能的……他们确信,到 30 年代末,米塞斯已经被决定性地拒绝了许多次。

在对兰格模式有了深层次的理解之后,沃恩将重点转向了哈耶克对社会主义经济理论的批判。在该部分的开始,沃恩对哈耶克思想的变化给予了关注,他写道:"看起来让哈耶克困惑的是,他感到新古典社会主义经济学使用的静态一般均衡理论对一个新的经济构成来说,是一个不适当应用",困惑的原因是"高度抽象的瓦尔拉斯静态一般均衡理论模型在准确解释市场进程的结束点时可能具有明显的优势"。沃恩耐人寻味地评价道:"总的来说,市场社会主义误解了市场经济的自然特点,错误地应用了他们正在使用的市场模型"。接下来,沃恩对"标准版"解释给予了"修正"。他写道:"社会主义者(以及当时多数经济学教授)看起来相信同样的经济逻辑可以应用在资本主义和社会主义上,充分地证明了,社会主义'理论上可能',因此,他们表明帕累托和巴罗内已经拒绝了米塞斯的'社会主义是不可能的'断言"。然而,"既不是米塞斯,也不是哈耶克,认为社会主义模型与假设不一致……他们所争辩的是社会主义理性核算的能力是'实践上的不可行',因为市场社会主义理论,尽管逻辑一致,但是并没有捕获真实世界足够的重要信息特征使它得以应用"。① 沃恩还对哈耶克强调的信息问题、所有权问题给予了更多的关注。

在论文的最后部分,沃恩总结由争论引发的理论问题,并试图解释哈耶克对这些问题的贡献。在沃恩看来,尽管市场社会主义在"激励机制"等上存在明显问题,但是,"兰格使用瓦尔拉斯理解和描述一个经济系统,是令人敬畏的"。从这里可以看出,沃恩的评价不像奥地利学派一些学者那样极端,他试图站在一个历史高度去客观评价理论的争辩,尽管该论文的主要论点是"修正"正统的解释。在对兰格给予高度评价后,他开始评述哈耶克的贡献。他写道:"认识到兰格工作的伟大,仅仅能增加人们对哈耶克的尊重。今天,哈耶克看起来比兰格更加现代(modern),因为早在经济学教授开始认识同样的批评并试图加工和扩展瓦尔拉斯模型时,他能够查明兰格暴露的许多最关键的缺陷"。在论文中,沃恩还列举了哈耶克对市场社会主义主要批判的内容,包括:"没有考虑调整过程,误解分权和不完全信息问题,缺乏适当的激励机制"。

在强调了哈耶克重视而被兰格忽视的信息问题在现代理论中的重要性后,沃恩对两个理论赖以存在的理论基础的比较,构成对"标准版"修正的关键点。他评述道:"社会主义倡导者和批评者之间的辩论是一个基于对市场经济不同认识的理论模式的竞争"。他认为,"市场社会主义者把市场看作是一个机制,它的显著特征是利用简单的一般均衡模型可准确捕获(capture)……,而在另一面,哈耶克理解的市场在本质上是基于企业家的市场"。基于不同理论模式和对市场的不同理解,导致了理论的争辩。在这篇论文中,沃恩还强调了哈耶克对市场的理解。他认为,在哈耶克看来"均衡模型只是一个研究主要问题的入门理论……而在一个变化的和复杂的世界中,市场经济是一个必要的反映合作经济行为的自然产生的机制",如果使用市场社会主义者构建的模

---

① 笔者认为沃恩(Vaughn)对于"标准版"解释的剖析,甚至比后期拉沃伊(Lavoie, 1981,1985)、柯兹纳(Kirzner, 1988)、凯泽尔(Keizer, 1989)等还要深入一些。

型在社会主义经济中运行,"那注定产生一个与他们计划设计的结果相比,远远不同且非常劣等的经济环境"。

从上述的叙述中可以清楚看出,沃恩对争论的解释与"标准版"解释存在明显的差别,可以看作对争论重新解释的真正开端。

二 莫雷尔对米塞斯理论的捍卫

如果说沃恩对争论的重新解释是带有隐含性质而且强调的是哈耶克的贡献的话,那么,莫雷尔(Murrell,1983)的解释更加直接,是"挑战争论的标准解释",而且是以米塞斯的理论为基础的重新解释。

在《市场社会主义理论回答了米塞斯的挑战了吗?——一种对社会主义辩论的重新解释》这篇有影响的论文中,莫雷尔首先对"标准版"的解释进行了介绍。他认为,尽管"在1949年,米塞斯声称他的胜利",但是,"标准版"解释的结论却是米塞斯是错误的。莫雷尔认为,"米塞斯的理论是为了描述经济的特征,即米塞斯认为的资源分配的有效性。通过声称社会主义缺乏这些特征,米塞斯对社会主义的支持者提出挑战",但是,通常被认为回应米塞斯挑战的"竞争解决"并没有对资源分配的有效性做出回应。莫雷尔认为辩论双方的理论"依托不同的假设,强调不同的经济属性"。

在莫雷尔看来,尽管"米塞斯没有清楚地阐述他的分析所需要的假设条件,而且,他的说明并不完全,证据也时常缺乏或者不完整",但是,"他们(指竞争解决的支持者——笔者注)没有辨认米塞斯工作的逻辑错误,而是构造了一个没有回应米塞斯挑战的'回答'"。

为了证明这一评论,莫雷尔对米塞斯的理论进行了较详细的介绍。按照莫雷尔的解释,米塞斯认为对资源配置的效率来说,资本主义是必要的,社会主义无法模仿资本主义资源配置的效率。由于"当经济核算失败的时候,资源将被无效的使用,因而,经济核算问题等价于经济效率问题"。米塞斯认识到"在一个静态世界里,经济核算不是必要的,社会主义可能是有效的",而在真实世界里"变化是最重要的环境特征……经济核算问题是经济的动态性,而不是经济静态的问题"。为了应对经济动态性，米塞斯非常重视企业家的作用，认为对于经济核算，企业家的行动是必要的，市场通过奖励成功者和惩罚失败者，促使资源的有效使用。在强调企业家的重要性时，米塞斯对分散的信息机制给予了关注。莫雷尔认为，"企业家通过价格体系扩散信息……竞争市场是有效的信息分散机制"。莫雷尔强调了米塞斯的核心观点，即社会主义无法实现资本主义的效率，理性经济核算在社会主义是不可行的。

莫雷尔还对兰格模式的"竞争解决"是否有效回应米塞斯的挑战进行了分析。莫雷尔认为，"竞争解决"是建立在完美竞争的基础上的解决方案。"一个中央计划局（CPB）模仿瓦尔拉斯拍卖者寻找均衡价格。厂商和工业的管理者假定价格固定，并按照如下两个规则进行生产：第一个规则是任何给定的产出必须在最低成本下生产。第二个规则是产出的规模固定在边际成本等于产品的价格上"。那么，这种"竞争解决"是否有效回应米塞斯挑战呢？莫雷尔评论道："竞争解决是一个静态均衡模型，投资的发生仅仅由当前的状态决定，投资的决策并不考虑未来的状况。这些在米塞斯看来是根本的缺陷。米塞斯强调的是变化的普遍深入，认为所有的行动都需要考虑未来的状况，经济核算是一个动态问题，而不是静态问题，基于当前状况市场出清的价格不能解决这个问题"。在莫雷尔看来，对环境变化的反应能力是决定效率的至关重要的因素。

作为结果，"竞争解决"是一个静态均衡模型，而米塞斯考虑的是动态问题，在这个问题上，"竞争解决"没有回应米塞斯的挑战。莫雷尔总结道："'竞争解决'将是无效的，因为包括投资在内，决策都是基于当前的价格"。至于勒纳提及的投资由未来预期来决定的观点，莫雷尔认为"这一点并不关键"。

在激励问题上，兰格模式的竞争解决也没有回应米塞斯的挑战。"米塞斯认为由于所有权的特点，在资本主义制度，代理将被适当的激励。在从事交换时，代理拿他们自己的财富冒险。米塞斯和他的批评者都同意在社会主义制度下生产工具为集体所有。因为交换是所有权的交换，因此，生产工具的交换在社会主义制度下是缺少的"。由此，莫雷尔得出"在社会主义制度下，缺乏资本主义制度下的基本动力"。莫雷尔认为，"竞争解决"很少注意到激励问题，兰格虽然注意到管理者并没有按照利润最大化指导生产，但是没有提出可供选择的替代方法，迪金森干脆将激励问题降级，认为在完美竞争下，所有问题都已解决。

在信息等问题上，"竞争解决"也没有回应米塞斯的挑战。莫雷尔认为："由于工业的管理者在功能上等同于企业家，因此在管理者之间竞争的缺乏是竞争解决的基本缺陷。问题不仅是垄断行为的危险，而是信息的无效使用……在管理者之间没有竞争，他们的选择并不是自动基于消费者偏爱……个体并不采取正确的态度对待不确定性，没有动机收集各种所需要的信息"。

作为结论，莫雷尔评价道："许多理由表明，竞争解决没有回答米塞斯的挑战"。莫雷尔认为，"竞争解决"是一个基于静态的理论，而经济问题存在的关键是因为未来具有不确定性。

至此，我们从上面的介绍中可看出，莫雷尔已成功完成了对"标准版"解释的挑战，并对"修正版"解释的形成起到了关键性作用。

三 拉沃伊对争论的重新解释

尽管拉沃伊（Lavoie）1981年的论文对"标准版"解释的挑战更早，而且还从七个方面对"标准版"和"修正版"进行了比较和解释，但是，考虑到1985年的论文影响和深度都在1981年之上，本书以1985年的论文为基础进行介绍。

与莫雷尔（Murrell，1983）的介绍方法不同，拉沃伊在《竞争与中央计划》论文中，直接从论战的五个核心方面对争论进行了重新解释。

首先，拉沃伊结合苏联"战时共产主义"的实践和马克思对社会主义的设想，认为米塞斯对于1920年之前"中央计划"理论的挑战是有力的，反对者引入市场是理论上的退却。其次，对于兰格等市场社会主义者对于米塞斯反驳，拉沃伊指出，米塞斯从来没有否定社会主义能够在静态条件下顺利运行，亦即米塞斯非常清楚在静态情况下，社会主义没有核算问题,但这种静态情况与真实世界毫无关系,兰格等所依据的新古典均衡方法充其量只能确定竞争性资本主义动态调整的极限结果,但是,无论是资本主义还是社会主义,都不可能达到这一极限。再次,对于方程解问题,拉沃伊认为,尽管巴罗内的论证是前后一致的,但是,并没有完全回应米塞斯的挑战,因为巴罗内只是建立了与未知数一样多的方程,这些方程并不能应用到连续改变的真实世界中。关于这一点,连巴罗内本人也认为是不可能的。至于哈耶克和罗宾斯提出的"实践的不可行"问题,在拉沃伊看来,并不是一个退却,而是一个澄清、一个间接挑战,"虽然哈耶克和罗宾斯应该对由于他们关于方程核算困难的分析产生的误解负有责任,但是,事实上,他们的主要贡献与米塞斯是完全一致的"。最后,关于兰格通过"试错法"对挑战的反驳,拉沃伊认为,那只是对"完美竞争"模型的模拟,并不能解释动态价格问题,从而不能构成对哈耶克和罗宾斯的有效回应。

毫无疑问,拉沃伊对于"标准版"解释的挑战是有力的,他不仅厘清了"奥地利学派的真正批评在于社会主义不能有效模仿资本主义非均衡的动态谋利过程"(这与兰格等提出的社会主义与资本主义形式等价论完全无关)这一关键问题,而且也清楚地揭示了论战双方在"竞争"这一关键概念的混淆,即奥地利学派的竞争是类似于古典概念的真实世界的竞争,而市场社会主义方的竞争是带有静态和均衡性质的新古典概念的竞争。至于辩论双方存在的话语交流的困难(Boettke,1990;Caldwell,1989)[①],拉沃伊也给予了澄清。

确实,兰格等基于新古典均衡理论的论证与真实世界相去甚远,难以让人信服,不过,对于拉沃伊否认奥地利学派在论战中的观点经历了调整和修正的看法也值得再思考。

四 其他学者的贡献

霍夫(Hoff)是最早捍卫米塞斯—哈耶克理论的学者之一。霍夫的

[①] 详细叙述参见勃特克(Boettke,1990),第26—27页。

《社会主义社会的经济核算》一文于1938年以挪威语发表，后来在1949年又被翻译为英语。在该文中，霍夫将论战描述为5个阶段①：（1）没有货币经济的理论解决；（2）基于马克思劳动价值论的解决；（3）数学解决和经验试错法的解决；（4）边际规则的解决；（5）通过引进竞争机制的解决。该著作虽然影响不大，但是这在当时的情况下，并不多见，把它当作"修正版"解释的先驱之作，也许比较合适。拉沃伊（Lavoie，1981）、勃特克（Boettke，1998）等都对霍夫的贡献给予了关注。

尽管新奥地利学派代表人物罗斯巴德（Rothbard，1970［1962］）在"修正版"解释形成的20年之前就对社会主义经济核算论战的重新解释做出了有益的探讨，而且取得了显著的进展，但是，由于当时"标准版"解释占据统治地位等原因，该文（也包括1976年发表的另一篇论文）对80年代形成的"修正版"解释的影响并不明显，也正因为如此，罗斯巴德（Rothbard，1970［1962］，1976）的著作被称为"被忘记的贡献"。②

相比之下，罗伯茨（Roberts，1971）的《兰格的社会主义计划理论》一文是一篇被关注和引用较多的论文，可以看作是对"标准版"解释挑战的真正开始。罗伯茨认为，随着"标准版"解释的主要代表人物之一柏格森（Bergson，1967）观点的改变，对争论的解释开始复兴。罗伯茨通过对经典马克思主义社会主义理论、兰格模式的社会主义理论的考察，得出了"市场社会主义信条是错误的"结论。另外，罗伯茨认识到"多布强调的社会主义是历史力量推动的结果，在这种社会主义下，中央计划取代市场机制，而不是市场机制下的均衡"，通过对正统马克思主义者多布论点的批判，罗伯茨开辟了对"标准版"解释修正的另一条道路。

斯蒂勒（Steele，1981b）的《正在出现的问题：社会主义经济核

---

① 与拉沃伊（Lavoie，1985）的5个阶段相比，虽然在深度上有一定差距，但是在当时情况非常难得。

② 参见勃特克和科因（Boettke & Coyne，2004）、斯佩尔杜托（Sperduto，2005）等。

算不可能》一文是对争论重新解释具有一定影响的论文之一。与"修正版"解释的三篇核心论文不同，在该文中，他对直到米塞斯为止，在社会主义经济核算问题上做过贡献的学者进行了较全面的介绍，包括在该方面的研究鲜为人知的学者。① 该文对"标准版"解释以及其他解释在理解问题上存在的缺陷，给予了深刻的分析。他认为米塞斯否定不能理性核算的社会主义是经典马克思的社会主义、集体生产和市场分配的社会主义和上述两种混合的社会主义，并没有否定消费品和生产工具都通过市场进行资源配置的社会主义。由于该文没有对"标准版"的解释进行深入分析，也没有给出较完整的重新解释，因此，本书没有把它作为"修正版"重新解释的核心著作看待。

新奥地利学派另一代表人物科兹纳（Kirzner，1988）是在拉沃伊（Lavoie，1985）做出"修正版"权威解释之后的一篇有影响的论文。该论文主要影响之一是对"市场过程"的强调和解释。在科兹纳看来，争论作为奥地利学派发展的催化剂，通过不断的厘清和反思，形成了新奥地利学派的市场观点，即"市场是一个企业竞争发现的过程"。同时，"通过互让或折衷的争论，奥地利学者逐渐提炼出对他们自己位置的理解"。针对所谓的"哈耶克从理论可行性退却到实际的可行性"的批驳，科兹纳同意拉沃伊的看法，认为："奥地利学者是吸收，而不是退却，是更加仔细地辨别和理解他们的批评者没有认识的市场过程"。科兹纳的总结是深刻的，即奥地利学派经历了一种转变，最终重新定义出奥地利学派经济学的含义和对"市场过程"及其知识基础的独特理解。在该文中，除对市场过程给予了更多的关注外，科兹纳还对福利经济学的发展，以及价格系统进行了分析。在科兹纳看来，"对价格的正确角色的理解，奥地利学者与兰格截然不同"，因为奥地利学派所讲的企业家"并不把价格看作是不可控制的参数"；相反，企业家具有影响价格的很大力量，努力调整价格在合作的方向。

---

① 在斯蒂勒之前除哈耶克（2000）外，很少有人关注韦伯（Weber）等在该问题上的贡献，后期勃特克（Boettke，1998）也给予了关注。

在考虑"修正版"形成后的影响时,不可能不考虑凯泽尔(Keizer,1989)的贡献。他认为,可接受的观点改变发生在20世纪70年代后期,"大家逐渐认识到奥地利学派的观点比他们的反对者更加经得起考验,巴罗内和兰格的模型并没有给予挑战满意的回答"。凯泽尔比较全面,而且相对客观地分析了"标准版"解释逐渐被"修正版"解释取代的原因①:(1)不仅在苏联和东欧的一些社会主义国家,而且也包括兰格所在的波兰在内,并不是所有社会主义者都把市场社会主义的理论当成马克思主义社会主义理论。市场社会主义理论也受到西方正统马克思主义学者如多布和斯威齐的反对。他们把兰格看作无政府状态的市场理论;(2)计算机的发展并没有像兰格想象的那样帮助计划当局解决现实的问题;(3)在实践方面,苏联和东欧社会主义国家经济的停滞和间歇性的改革努力,没有拒绝米塞斯的批判;(4)70年代,兰格模型赖以存在的新古典均衡理论受到严重的攻击;(5)70年代,奥地利学派在美国复兴,米塞斯和哈耶克对社会主义批判的理论重新引起学术界的兴趣。②

---

① 该解释比凯泽尔(Keizer,1987)增加了第(4)点。不过(1)的解释不如凯泽尔(Keizer,1987)第一点全面、有新意。

② 1974年,哈耶克获得诺贝尔经济学奖就是奥地利学派复兴的重要标志。尽管他获奖的主要原因是"他从货币的角度深刻分析了经济波动的原因"(刘树成,2004)。

第四章 争论的再现：苏联、东欧国家的改革与争论

如果说20世纪二三十年代经济核算论战是以十月革命胜利后世界上仅有的社会主义国家苏联的"战时共产主义"为背景展开的话，那么，到了50年代，随着社会主义国家的相继建立和"苏联模式"实践的有害副作用，布鲁斯等东欧社会主义国家学者也开始反思这场论战，他们试图通过对论战中被认为是优势的一方"兰格模式"的完善和修正，来指导社会主义国家的实践。

从20世纪50年代中期开始，一方面，社会主义经济核算论战产生的市场社会主义理论[1]为传统社会主义模式的改变提供了理论的框架，另一方面斯大林逝世以后，对"苏联模式"下经济实绩的不满在其他国家公开化，出现了改变传统计划经济模式的思想倾向，于是，一些学者开始反思这种模式，并试图对它运行的机制进行重新设计，以解决经济核算和资源配置的扭曲问题。这种反思的核心思想是：如何在计划经济中引入市场因素，以此完善计划的实施。由此，在"兰格模式"之后产生了被称为第四代市场社会主义理论[2]的几种模式，同时也产生了

---

[1] 一般把兰格等发展的竞争解决的社会主义理论称为计划模拟市场的"兰格模式"（皮尔森，1999）。

[2] 按照哈耶克的概括，前三个阶段分别是：第一阶段，认识到社会主义经济核算必须求助于价值符号；第二阶段，认识到应当求解复杂的方程式来获得正确的均衡价格；第三阶段，主张引入市场，用竞争的办法解决经济的平衡问题（张宇，1999）。

苏联学者以完善计划经济为核心的"最优化理论",这些探索可以视为"争论"的再现。

第一节　南斯拉夫：走入迷途的试验

市场社会主义第一次登上试验的舞台,出现在20世纪50年代初期的南斯拉夫。而试验的动机并不主要来自经济,也不完全来自对"命令体制"的不满,尽管复制"苏联模式"的结果,对于南斯拉夫这样资源禀赋缺乏的小国家,被证明是灾难性的。促使南斯拉夫义无反顾走上有别于"兰格模式"的市场社会主义道路的是南斯拉夫与苏联的决裂并受到苏联阵营封锁的政治环境。为了寻求政治上和意识形态上的自决,南斯拉夫的共产党人,在既无"命令体制"社会主义模式可沿用,又无革命时抛弃的资本主义道路可选择的情况下,走上了独立探索社会主义模式的道路。经过十几年的探索①,以1965年的经济改革为标志,逐步确立了工人自治的市场社会主义经济制度模式（Neuberger and Duffy, 1976）。这种模式的主要特点是工人参与企业管理、计划与市场结合,以及政府权力下放,这种模式的最伟大之处是社会主义国家第一次将市场作为资源配置主要方式的大胆尝试,尽管这种模式在经历了对"命令体制"不满释放的活力之后,由于内生的缺陷,逐渐从促进经济的发展演变为将经济带入泥潭的根源。

一　"工人自治社会主义制度"的形成

南斯拉夫建立工人自治社会主义制度的过程,是一个充满坎坷的过程,既包含着冲破"苏联模式"的胆识和智慧,也包含着制度设计的无奈与困惑,本小节将简略回顾一下这一艰辛历程。

南斯拉夫在1948年与苏联关系破裂之后,为了证明其效忠斯大林

---

① 南斯拉夫于1950年制定了工人管理企业法,宣告了与"苏联模式"的决裂,其集中计划体制从1951年开始瓦解,直到1965年才全部终结,历经15年。有兴趣的读者可以参看左大培、裴小革（2009）所著《世界市场经济概论》第六章中的介绍。

的决心，并没有立即放弃集中计划，而是加速仿效苏联的集中计划模式，并于 1949 年达到了仿效的高峰，但是就在这时，斯大林宣布与南斯拉夫永远决裂，并在社会主义阵营对南斯拉夫进行了全线封锁（左大培、裴小革，2009）。在这极端困难的情况下，20 世纪 40 年代末南斯拉夫在共产党高层展开了一场如何建设社会主义的大讨论。在大讨论中，南斯拉夫的主要理论家和国家领导人卡德尔和基德里奇等，基于马克思和恩格斯关于未来共产主义社会所有制形式的设想，以及国家消亡的论述，提出了建立社会所有制的天真构想。按照他们的设想，这种所有制形式由于把生产资料置于联合劳动的直接劳动者的控制之下，能够克服马克思从早期著作《巴黎手稿》到晚年《人类学笔记》一直强调的劳动异化现象，体现了对马克思主义的创造运用。值得注意的是，在选择如何发展社会主义道路上，没有迹象表明他们受到社会主义经济核算大争论中的影响，或许，他们想到更多的是如何清除"命令体制"有害的副作用，如何向世界宣称南斯拉夫走的才是正统的社会主义道路。1950 年，党的最高领导人铁托在议会上的讲话标志着建设社会所有制的正式开始。铁托讲道："国家所有制形式仅仅是社会主义所有制的临时的、初期的和最低的形式。国家所有制必须改造成为在直接生产者管理下的社会所有制"。[1][2] 作为对社会所有制实施的贯彻，南斯拉夫

---

[1] 转引自比兰契奇（1973）《南斯拉夫社会发展的思想和实践（1945—1973）》（中译本），商务印书馆 1986 年版，第 125 页。

[2] 对于社会所有制做出较完整的叙述是 1971 年卡德尔《公有制在当代社会主义实践中的矛盾》著作的发表。在这部著作中，卡德尔认为，马克思并没有把国家所有制和公有制混同起来，生产资料的社会所有制才是生产资料的高级形式。他写道：社会所有制就是生产资料属于一切从事劳动的人所有，这是他作为劳动者和创造者从事劳动和获得自由的最重要的客观条件。但是，任何人对这些生产资料都没有拥有任何私有权。从这种意义上来说，公有制既是属于所有人的，又不是属于哪一个人的。公有制资料同时又是工人在社会总劳动中从事个人劳动的手段，从而也是他取得个人收入的手段。这样，这种公有制既是全体工人的共同的阶级所有制，同时又是任何从事劳动的人的个体所有制的形式。值得注意的是，在社会所有制理论的研究方面，马克西莫维奇的著作《公有制的理论基础》也具有一定的影响。在这部著作中，马克西莫维奇不仅对所有制范畴的实质、公有制发展的历史、社会所有制的进步性进行了探讨，而且还对社会所有制资金价格（利息）的现实问题进行了研究。与卡德尔不同的是，马克西莫维奇用历史发展的眼光对社会主义建设初期苏联的社会主义公有制的合理性给出了肯定的回答。

开始建立工人自治制度,并在 1949 年 12 月组建的 215 个工人自治企业的基础上,于 1950 年 6 月颁布了第一个工人自治法令。在法令中,明确将企业的管理权交给由各企业工人选举产生的工人委员会。从此,南斯拉夫开始了 30 多年的工人自治社会主义制度的建设。

1961 年,南斯拉夫将权力进一步下放给企业,使企业拥有了决定企业收入在个人收入和公积金之间分配的自主权,同时也提高了银行的作用,加快了外贸体制自由化的进程(布鲁斯、拉斯基,1989)。1965 年南斯拉夫又实现了一系列"更加自治"的转向市场机制的改革。在改革中,将国家预算直接分配给各个自治单位,由各自治单位自由决定利润留成和分配,并且自由决定留成部分的使用;部门和地区之间的投资基金再分配过程中的金融中介服务主要由商业银行网提供,对各级国家预算,商业银行只起中间作用。① 尽管 20 世纪 60 年代的改革,有利于劳动力市场的发展,但是由于社会主义国家对"雇佣"天生的抵制,没有形成与"兰格模式"对应的劳动力市场,同样,由于意识形态的影响等原因,资本市场也没有因为一些形式的货币市场的存在而发展起来。为了矫正实践中出现的越来越多的问题,南斯拉夫于 1971 年和 1974 年分别做了两次宪法改革,试图对工人自治制度进一步规范化,并谋求以自下而上计划的方法代替市场作为协调机制来纠正市场的偏差。总的来说,至 1976 年"联合劳动法"的颁布,南斯拉夫已逐步用"市场"代替了中央计划,而松散的指导性计划体系反而成了可有可无的点缀。

二 "多布们"和"兰格们"关于计划与市场关系的争辩

工人自治制度的建立与运行,仅靠行政指令是完成不了的,企业间横向联络等离不开市场的协调,于是,破除"苏联模式"社会主义与市场不相容的教条成为必须解决的问题,由此,引发了"多布们"和"兰格们"关于计划与市场关系问题的争论。

---

① 参见《新帕尔格雷夫经济学大辞典》(1987)第 3 卷中关于"市场社会主义"的词条。

1950年和1951年，基德里奇发表了《论我国过渡时期经济》和《论新经济法草案》重要论文，对没有市场机制的"苏联模式"提出尖锐的批评，对商品生产有关问题作了进一步的探讨，不过，在他那里，仍把商品经济规律当作旧社会残余解释（比兰契奇，1973；巴甫洛维奇，1977）。伴随工人自治制度的产生和发展，基德里奇的思想开始转变，他在1952年著作《南斯拉夫联邦人民共和国的经济问题》里，不同寻常地发现了新经济体制的特殊性，开始重新认识市场的作用，形成了工人自治与商品经济不能分离的思想。在他的影响下，1952年和1953年出现了系列论述计划与市场相结合、商品生产重要性的论文，其中波波维奇、克拉伊盖尔、乔别里奇等经济学家的论文具有代表性（巴甫洛维奇，1977）。

　　基德里奇逝世后，经济学界的观点有些转变，从1954年到1958年，占主导地位的观点是主张将社会主义条件下的商品经济作为资本主义的残余来对待，其中，托多罗维奇和拉基奇等都持有这种观点（巴甫洛维奇，1977）。尽管在这个时期还存在主张"市场和经济规律的自由作用"另一种观点（张德修，1985），但是，影响并不像我国有些著作上介绍的那样大。不过，1958年，《南共联盟纲领》的发表，在某种程度上纠正了把商品经济当作资本主义残余的思想，强调了改变计划指导和市场的自由作用相互关系的必要性，指出：市场可以激发"个人和企业的首创精神"，计划则"可以使市场不再成为无政府状态"（张仁德、张藐，1994）。

　　1958年以后直到1965年经济体制改革，出现了有关商品生产、计划与市场关系的一场辩论。① 一种观点认为，计划与市场是相对立的，应该限制市场规律作用。曾经作为基德里奇的拥护者的著名经济学家乔别里奇思想有所转变，他在1961年经济学家协会会议上指出"我国经济是计划经济，因此，在我国经济中自发性不可能占主导地位。让市场

---

① 尽管巴甫洛维奇（1977）的《南斯拉夫自治经济制度的产生与发展》（中译本）一书对笔者观点的形成起了一定的作用，但是，笔者并不赞成他对这一时期的概括。

规律自由起作用,首先就是意味着赞成一系列的、各式各样的比例失调"①,在会上,米洛夫斯基等也发表了类似的观点。有趣的是,1962年乔别里奇在《就我国宪法草案条文谈我国经济模式》中将1957—1960年经济的成就归结为由计划地组织经营活动和相应关于计划体制的主张(巴甫洛维奇,1977)。与上述观点相反,波波维奇、克拉伊盖尔、巴甫洛维奇、比兰基奇等更多的是强调市场的作用。这些经济学家倾向把南斯拉夫的自由生产者看作"历史上新型商品生产者",极力反对占统治地位的关于社会计划起调节作用和市场起辅助作用的观点(巴甫洛维奇,1977)。不过总的来说,学术界出现更多的是计划与市场结合的第三种观点。尼科里奇(1961)在《经济计划化》中对计划与市场的关系作了有益的探讨,他指出:"计划工作是在市场机构起作用的条件下进行的"和"计划是控制市场的方法"。乌约舍维奇(1961)在谈到计划与市场关系时,指出:"计划化和商品生产的规律对我国经济制度来说是客观必要的。计划的作用在于有意识地调整经济关系,商品生产规律的作用在于自发地调节这些经济关系"。格里格雷耶维奇(1961)在《商品生产》一文中对商品生产作了较深入探讨,也表现了相似的思想。泽科维奇等在1964年提出了计划与市场有机结合的观点,他们认为,"自觉的有计划方针决定了市场机构作用的范围,而市场则校正和刺激计划任务的完成","计划对经济发展的方向和结构起决定性的作用,而市场则在这个范围内起作用"。同年,托多罗维奇提出了计划只能对价值观点起补充作用的观点,他认为,计划应在价值规律力不能及的地方更多地活跃起来,对自发性本身不能包括的相应范围进行指导。

尽管自1965年以来南斯拉夫进行的经济改革没有带来预期的效果甚至更多的是危机,但是,直到20世纪70年代初,经济学家对计划与市场相结合的探讨并没有停止。例如,卡德尔在1972年还对废

---

① 转引自巴甫洛维奇(1977)的《南斯拉夫自治经济制度的产生与发展》(中译本),北京大学出版社1985年版,第266—267页。

除市场的"苏联模式"进行了深刻的批判,并明确指出:市场经济、制订社会计划以及劳动者在经济和社会方面的互助是社会主义自治制度三个不可缺少的组成部分。然而,从 1973 年开始,情况发生了很大变化,南斯拉夫开始实行社会自治计划,试图纠正以前过多地利用市场形式产生的"市场拜物教"的做法。遗憾的是,1974 年的新宪法,特别是 1976 年的联合劳动法和计划法,由于国家在纠正"市场拜物教"的过程中不愿意使用国家的经济职能,强调用自治方式解决所出现的偏差,又出现了"一种新的拜物教",即"契约拜物教"。这种用"自治的社会计划"取代市场而成为主要的协调机制的尝试,把南斯拉夫引入"既不是市场也不是计划"的官僚主义随意性的迷宫之中(布鲁斯、拉斯基,1989),于是,南斯拉夫在计划与市场结合方面的有益尝试,以及 1965 年以来转向市场经济体制的艰苦努力,夭折于"社会契约"的幻想之中,南斯拉夫的市场社会主义实践也随之走向了灾难。

三 南斯拉夫模式的内生缺陷

南斯拉夫是社会主义国家第一个冲破市场与社会主义制度不相容的国家,也是第一个建立社会主义市场经济的国家,尽管这种市场经济几乎排除了私营经济的发展①和建立在"劳动雇佣资本"的基础之上,其"自下而上制订计划"②的运行模式也是"兰格模式"不可能考虑到的。

在改革"命令体制"之后,南斯拉夫经历了一个高速发展期,其 1952—1962 年的年均经济增长率高达 8.3%③,但是,到了 20 世纪 70 年代末 80 年代,南斯拉夫出现了经济增长放缓、失业问题非常严重、

---

① 1953 年的宪法规定,任何人不得使用他人的劳动来获得收入。不过允许私营企业最多雇佣 5 个雇员(左大培、裴小革,2009)。

② 各个工厂都派代表去行业理事会和地区议会,而行业理事会和地区议会又派代表去国家委员会为主要部门拟订国家经济计划,然后再把这种计划分别下达到各个工厂去,各个工厂则通过签订合同而认可这个计划。参见《新帕尔格雷夫经济学大辞典》(1987)第 4 卷中关于"社会主义"的词条。

③ 数据来源于布鲁斯和拉斯基(1989),第 122 页。

通货膨胀加速、实际收入下降、收入差距拉大等一系列问题。南斯拉夫的实践表明,通过在"命令体制"下引进市场机制,可以在一个相当长的时期里,把迅速的经济增长与没有短缺和失调结合起来。① 但是,由于"工人自治制度"存在内生缺陷,它必然会将南斯拉夫经济带入灾难之中。

(一) 所有制形式超越社会发展规律

为了摆脱"苏联模式",南斯拉夫不切合实际地把马克思、恩格斯对未来共产主义的设想的模式运用到刚刚进行的社会主义建设。这种逾越生产力发展阶段的做法不可能不遭遇挫折或接受失败的打击。这一点就如同20世纪20年代苏联的"战时共产主义"和我国50年代末的"大跃进"一样。

(二) 缺乏市场经济中赖以存在的"微观主体"

1958年沃德（Ward，1958）在《美国经济评论》上发表的有关"工人自治企业行为反常"的论文影响很大。他把南斯拉夫"工人自治"的劳动管理型企业模式称为"伊利里亚企业",认为企业的经济目标不再是追求利润最大化,而是追求每个工人的收入最大化,短期内将会出现一种反常后果。比兰契奇（1973）注意到南斯拉夫所实行的"工人自治"的动机与效果并不统一,"工人自治"存在结构不稳定性问题。范尼克等也提出了否定"工人自治"的劳动管理型企业类似的观点,一些批评家坚持认为"工人自治"的理论设计本身就会把人引入歧途（皮尔森，1999）。

虽然"劳动雇佣资本"的企业模式在特殊的情况或小范围内能够取得一定的成功,但是,在迄今为止的人类历史上,还没有在一个国家成功运用的案例。"劳动雇佣资本"这类企业由于存在无法克服的缺陷,不可能成为一个真正意义上的微观主体。

(三) 缺乏市场经济中赖以存在的资本市场和劳动力市场

因为雇佣新的劳动力会减少人均收益的金额,于是建立在现有劳动

---

① 参见《新帕尔格雷夫经济学大辞典》(1987) 第3卷中关于"市场社会主义"的词条。

力分享企业收益基础上的"激励"模式，造成了企业不愿雇佣更多劳动力，加上对私有经济的严格限制，正如前文所讲，南斯拉夫缺乏"兰格模式"中的劳动力市场。由于意识形态的影响等原因，在南斯拉夫虽然存在一些形式的货币市场，但是资本市场远远没有发展起来。资本市场的缺乏和劳动力市场的不健全，使南斯拉夫的市场经济建立在"海市蜃楼"的绿洲里。

虽然南斯拉夫的制度设计存在内生的缺陷，改革遭到了严重的挫折，但是南斯拉夫关于社会所有制的探讨、计划与市场相结合的尝试、从计划经济转向市场经济的努力以及在经济管理中尊重市场规律，把企业作为独立经营、自负盈亏的商品生产者的实践，在当时社会主义国家是绝无仅有的，它的经验与教训对东欧社会主义国家乃至我国的经济体制改革产生了很大的影响。

第二节　匈牙利：寻求计划与市场有机结合的尝试

1956年匈牙利力图摆脱"苏联模式"来振兴社会主义的改革，遭到了苏联的镇压，造成了匈牙利悲剧，后来到20世纪60年代又进行了悄悄的改革，采用了新的经济体制（1968—1979），并取得了一定的成效。从这种体制中产生的模式，被称为与"苏联模式"、南斯拉夫模式不同的第三种模式。这种模式的主要特点是在计划经济起主导作用的条件下将计划和市场有机结合起来；最新颖之处是承认各种具体形式的所有制企业形态，允许发展私人企业，这在当时的社会主义国家是绝无仅有的；最特殊之处在于经济学家之间、经济学家与政治领导人之间达成某种共识；最无奈之处是在苏联的威胁下战战兢兢进行改革。对匈牙利改革的深入了解，有助于我们摆脱市场经济建设中存在的计划经济思维定式。

一 匈牙利模式的形成

与南斯拉夫被社会主义阵营"完全封锁"的背景不同[①]，匈牙利1956年的改革遭到了苏联的镇压，而1968年的改革推动者正是1956年"十月事件"中在苏联帮助下走向神坛的卡达尔。充满智慧而又胸怀人民的卡达尔非常清楚，匈牙利的改革一旦超过莫斯利的底线，老态龙钟而依然专制的勃列日涅夫会像赫鲁晓夫处决他的前任纳吉一样将他斩除，匈牙利的改革也会遭遇捷克斯洛伐克的命运。由此可以理解为什么匈牙利的改革要坚持计划经济为主导，寻求计划与市场的有机结合而不是走得更远。鉴于这种改革讨论中匈牙利内部达成共识（对付苏联的需要）并不偶然，本章对匈牙利模式的叙述中不再单列"多布们和兰格们关于计划与市场争辩"一节，尽管这种争辩依然存在，下文也有所涉猎。

像所有重大创举一样，匈牙利对传统经济体制改革也不是从天而降。匈牙利工人党1953年6月关于经济体制会议指出的"经济政策偏差致使经济管理工作也犯了许多错误"以及"减少过分集中，让企业和地方机关有更大的自主权"的决议，连同苏共二十大的影响（伊斯特万，1981），揭开了匈牙利经济学家开始研究社会主义条件下经济运行机制的新纪元。1954年时任中央统计局主席的彼得（Peter）发表了对旧体制进行深刻批判并提出改革方案的论文（Kornai，1986）。在论文中，彼得指出，导致过分集中和官僚的主要原因是错误的选择和坏的管理工作方法，摆脱困境的途径是必须对高度集中的计划经济体制进行彻底的改革（Szamuely，1982）。同年，年轻的学者巴拉兹（Balazsy）发表了直视经济体制现状的论文。在论文中，巴拉兹指出，中央应放弃对产出计划的指令性规定，企业需要得到的是净价值和绝对价值两个指标（Szamuely，1982）。彼得的讲话和他的论文引发了一场关于社会主

[①] 1956年南斯拉夫最高领导人铁托回访莫斯科后，赫鲁晓夫网开一面，对南斯拉夫的封锁部分解除。

义经济的大讨论。讨论的中心问题是集权与分权、计划与市场的关系。在讨论中，著名的改革者纳吉对照搬"苏联模式"，盲目发展重工业，造成经济效益低下提出了尖锐的批评（张仁德、张藐，1994）。

赫鲁晓夫并没有给改变匈牙利指令性计划的行动任何机会。尽管接下来，改变指令性计划的讨论仍然没有停止。例如，1957 年 1 月匈牙利《人民自由报》刊登的《我们新的计划经营方法应是什么样的？》一篇文章中提出，应当把计划经济与指令性计划区分开来，用经济手段而不是指令性的指标来领导经济生活（伊斯特万，1981）。再如，1957 年，科尔奈在《经济管理中的过度集中》一文中，对计划经济体制的弊端进行了实证分析，指明了扩大企业自主权、发挥市场机制作用的改革方向（Szamuely，1982）。但是迫于苏联的压力，随后的五六年里，经济研究的目标和重点转向了对指令性计划合理化的研究，并形成了三个分支。第一个分支试图通过企业规模扩大和组织框架的重组克服指令性计划的不足；第二个分支试图通过物质激励等手段，以及建立大的农场等，促进中央计划的实现；第三个分支试图借助线形规划等数学方法和计算机工具，改进中央计划的质量，解决社会主义生产的低效（Szamuely，1984）。

20 世纪 60 年代初苏联揭露斯大林时期扭曲和恶化的政治环境[①]，为匈牙利再次改变指令性计划的努力创造了条件，而经济学者海格杜斯（Hegedus）强调需求的两篇论文发表，则揭开了改革思想复苏的序幕。1963 年里斯卡（Liska）发表了《批评与观念》重要论文，预示着改革暴风雨的到来。在这篇《不是创造了一个夏天，而是改变了一个季节》的论文中，里斯卡除重复和强调 50 年代可调节的市场经济思想外，提出了在国际文献上没有人提出的观点，主要包括在社会主义国家生产关系也具有市场的特点；国内市场并不与国外市场相隔离，否则，就会在现代化、技术进步、社会生产力发展等方面落后；改革将产生系列市场经济模型，灵活的价格将取代管理价格。与经济学家热情洋溢地讨论相

[①] 以此为背景，1962 年苏联学者利别尔曼发表了《计划、利润和奖金》。

呼应，1963年年底，被称作匈牙利"新经济体制之父"的涅尔什在公开演讲中对计划科学方法的强调和改进经济体制的要求，以及随后中央统计局主席彼得和经济学家瓦伊达（Vajda）对经济体制改革的热情和支持，导致了经济风向的转变（Szamuely，1984）。

尽管经济改革的思想已经复苏，但是在对待如何进行改革问题上仍有不少的分歧和争论。1965年3月至6月，匈牙利《人民自由报》编委会组织了市场等经济改革问题的讨论。主要提出三种观点：第一种观点认为，如果大力强调市场作用，国家对经济政策就难以控制，整个体系就会出现问题；第二种观点认为，市场可以解决一切经济问题，改革的关键是转向市场；第三种观点认为，扩大市场作用是应该的，匈牙利应该加强市场作用，但绝不是想用市场代替计划（白靖，1983）。在这个问题上，涅尔什的态度带有权威性，他明确指出，中央计划不应带有指令性，主张"将中央的计划领导同市场的积极作用结合起来"。① 同样，匈牙利科学院院士博格纳尔德的观点也值得关注。他认为，在经济联系日益普遍国际化的今天，只有根据国内外市场的需求制订计划，计划才切实可行，而国家指令性计划难以确保符合国内外市场的实际需要（张德修，1985）。在广泛讨论的基础上，1965年确定了改革的初始方针，其主要内容是：努力减少中央指令的数据，扩大企业的权利，增加个人的利益。

匈牙利经济学界有关计划与市场关系等问题达成的共识和形成的结论，在1966年匈牙利《关于经济体制改革的指导原则》中得到体现。在这一重要的中央文件中，计划与市场有机结合的思想得以体现，文件指出：经济体制改革的主要特点是，在生产资料社会主义所有制的基础上，把国民经济按计划发展的中央管理和商品关系、市场积极作用有机联系起来。尽管存在担忧，如维雷斯·彼得（不是前文的Peter）在1967年10月15日《人民日报》上发表了担心把社会引向个人主义的争论文章（伊斯特万，1981），但是总的来说，匈牙利的改革是"被误

---

① 转引自张德修《东欧经济改革浪潮》，时事出版社1985年版，第121页。

解忽视必要因素的精心考虑的折中"（Szamuely，1984），其思想在经济学家之间、经济学家与政治领导人之间基本达成了共识，并从1968年起，匈牙利开始在经济领域推行新经济体制。在"新经济体制"中，匈牙利仍然坚持中央计划的原则，但是指令性的企业产出指标被取消了，中央对生产资料的实物分配也废除了，国内市场与国外市场隔离被解除了。在国家与居民经济关系方面，在国家生产部门之间，市场都发挥着积极的作用。尽管一些重要商品的价格由国家重要部门确定，但是价格不仅在消费领域，而且在生产领域都成了市场出清的手段。与南斯拉夫不同，匈牙利的"新经济体制"对生产资料价格的确定满足了"兰格模式"的条件。①

在"匈牙利模式"形成过程中，涅尔什所设计的"计划经济与市场经济有机结合的经济"模式对经济体制改革产生了重要的影响。他设计的经济模式的特点是：中央计划与市场机制有机合，政府通过宏观经济政策影响市场，企业是独立的商品生产者和市场主体；通过集体利益的实现促进社会利益的实现；在物质利益为基础的计划经济条件下，承认多种经济成分并存和共同发展。匈牙利1968年开始的经济体制改革基本上是按照这种思路进行的。

在经济学家的思想中，科尔奈和里斯卡无疑起着特殊的重要作用。科尔奈一直主张让计划通过市场发挥作用，他提出的"行政协调"和"市场协调"相结合的社会主义经济模式在匈牙利和国际上都很有影响。除上述有影响的《经济管理中的过度集中》外，科尔奈在1971年发表的《反均衡》著作是20世纪70年代有影响的代表作。在这部著作中，他更进一步强化了计划与市场有机结合的观点。他指出，极端的市场观点同极端的中央计划观点都只有在一套有限制的假设下才可行，现代复杂的经济体系既不是市场也不是计划工作能够单独地加以控制的，需要市场和国民经济计划这两个次级控制体制的结合。按照这种逻辑，南斯拉夫模式是一种市场机制占很大优势的结合，下文将涉及布鲁斯模

---

① 参见《新帕尔格雷夫经济学大辞典》（1987）第3卷中关于"市场社会主义"的词条。

式是一种计划机制略占优势的结合，而匈牙利则显示出计划与市场的两种平衡，是计划与市场的有机结合。而里斯卡提出的重建个人所有制的构想则对匈牙利的所有制改革产生了一定的影响。社会个人所有制的主要内容是：首先，国家把社会的所有财富平均量化给每个公民，使社会公共的财产同时成为每个人的个人资产；其次，国家以信贷市场为中介，通过市场竞争，把社会资产按照均衡利率承包出去，由能向社会提供最大效益的人来支配和经营；最后，承包经营者通过银行系统向社会资本的所有者支付利息，交纳利息后的剩余部分记入其账户，归承包者所有，这样便使个人所有与社会所有、公有制与市场经济相结合（于潜，1989）。

二　匈牙利模式存在的问题

1968年开始的经济体制改革一度将匈牙利带入发展的黄金时代：年均增长率从1961—1965年的4.1%上升到1966—1970年的6.8%和1971—1975年的6.3%（布鲁斯、拉斯基，1989）；人民的生活水平大幅度提高，经济中的短缺情况有了明显改善；通货膨胀伴随价格的开放有些提高，但是并不严重，1967—1973年为1.6%，1973—1978年为3.9%（科尔奈，1987）。匈牙利的改革表明，在以计划经济为主导的国家，通过引进市场机制，可以在相当长一段时间里，在不引起经济失衡的前提下，实现经济的快速增长。然而，随着时间的推移，匈牙利试图将计划与市场有机结合模式的缺陷开始暴露出来：年均增长率从1966—1970年的6.8%和1971—1975年6.3%下降到1981—1985年的1.4%（布鲁斯、拉斯基，1989）；通货膨胀严重恶化，从1967—1973年的1.6%和1973—1978年的3.9%上升到1978—1984年的7.5%（科尔奈，1987）；国际收支出现严重失衡，成为经济危机的根源。匈牙利的改革也表明，计划与市场的结合非但不能将两者的优势结合起来，反而破坏了经济的健康发展。

（一）没有脱离计划经济的框架

或许是受到苏联威胁的缘故，或许是对计划经济情有独钟，匈牙利的改革一直没有脱离计划经济为主导的框架。由于坚持计划经济为主导，加上长期实施计划经济的路径依赖，匈牙利的改革表面上看是计划与市场的有机结合，实质上计划的作用远大于市场的作用，而一旦出现类似因石油危机引起的国际收支问题，计划制订者就有加强控制的利益冲动，结果将进一步增加计划的分量，资源的配置将更加扭曲。

（二）片面追求经济增长目标

或许是匈牙利最高领导人卡达尔过分关注人民生活水平提高的缘故，匈牙利对于经济增长的追求近似狂热，以致当资本主义经济因为20世纪70年代石油危机陷入停滞和衰退时，匈牙利还在经济增长的道路上高歌猛进，扩张的冲动并没有停止。片面追求经济增长将匈牙利引入灾难之中。

值得注意的是，计划经济调用资源的天然优势，常常使实施计划经济的国家陷入为经济增长而增长的陷阱之中。由于片面追求经济增长和在石油危机时计划经济内生的对国内外价格差距必要调整缺乏，最后导致匈牙利外贸条件严重恶化，出现了危机。

（三）缺乏有效的资本市场

匈牙利1968年新经济体制改革并没有对银行进行深层次的改革，依然采取了与传统社会主义国家一样的单一银行体系，来担负国营和合作社经济的金融业务。资本市场的缺乏不仅使国有企业的投资不再接受市场的检验，而且带来了预算软约束等一系列问题，这反过来强化了行政协调的力量。新经济体制改革中，由于不能超过苏联底线的背景，不得不将资本市场排斥在外，这也成为匈牙利模式失败的主要根源。

匈牙利模式不仅从理论上通过计划与市场有机结合（还在所有制问题上）发展了"兰格模式"，而且从实践上对市场社会主义可行性进行了较为全面的尝试，对于市场社会主义理论的发展和实证研究具有重要的意义。

第三节 波兰和捷克斯洛伐克：弥漫光环的探索

在南斯拉夫和匈牙利如火如荼地进行市场社会主义试验的同时，市场社会主义的缔造者兰格也在领导着波兰的改革，并与布鲁斯等一道创造了"含市场机制的集中计划和分散管理相结合"的波兰分权模式。而与波兰的改革相呼应，捷克斯洛伐克也在进行着试图弥补兰格模式中忽视"激励"因素的改革，然而，波兰和捷克斯洛伐克弥漫光环的改革，还没有来得及绽放就在苏联的镇压下凋谢了。①

一 波兰的分权模式

波兰在20世纪50年代也是改革的先锋。兰格领导的经济委员会在积极探讨市场计划与市场结合的具体形式，并在其30年代思想的基础上，结合波兰的经验，于1956年，将原来提出的"竞争的社会主义"经济模式发展为"含市场机制的集中计划和分散管理相结合"的经济模式。

兰格认为，社会主义经济本质上是计划经济，这不仅是生产资料所有制的性质所决定，也由市场本身存在的缺陷所决定。市场的一个重要缺陷是，它只能用静态方法，也就是作为一般均衡问题，处理核算问题，不能提供充分的基础来解决增长和发展的问题。不过，在兰格看来，社会主义条件下必须有真正的消费品市场和劳动力市场，生产资料的分配计划也必须按照市场机制的作用方式来进行。

布鲁斯则更系统地阐明计划与市场相结合的理论，并在比较研究的基础上提出了著名的"分权模式"——宏观经济计划和"有管理的市场机制"通过调节手段相结合的社会主义经济运行模式。

布鲁斯在《社会主义经济运行的一般问题》（1961）一书中，以

---

① 20世纪50—60年代苏联以"有限主权论"为理由，可以迅雷不及掩耳地将一个国家镇压，21世纪的美国以"人权高于主权"为理由，可以将一个国家消灭。

"兰格模式"为基础①，以苏联计划体制为反面经验，在对社会主义经济核算论战深入分析的基础上，设计了一个宏观经济计划和"有管理的市场机制"相结合的社会主义经济运行模式。②在这部著作中，他从分工和价值规律的内在联系出发，认为商品货币关系是社会主义资源分配的积极工具。他在比较纯粹的自由市场机制和国家机关可干预的市场机制后，指出社会主义经济运行机制是国家机关可干预的市场机制即"有调节的市场机制"。在"有调节的市场机制"中，企业有选择的自由，经济决策在企业一级做出，企业追求最大限度的利润，但企业不能根据市场反应随机确定价格，价格只能由国家制定，并通过它调节市场。

布鲁斯在《社会主义的政治与经济》（1972）一书中，进一步完善了他的分权理论。他指出，"在分权模式上，不同级的计划都是独立制定的：中央计划以'中央计划当局'目的和标准为基础去制定，企业的计划以适用于企业的'博弈准则'（rules of the game）为基础去制定，因此，在这种模式上，不同级的计划之间不是通过直接命令而是通过间接手段取得联系的。在这里起重要作用的是企业相互间的水平联系，从而是市场关系；货币的资源分配手段占优势"③。

按照布鲁斯对分权模式的叙述，市场机制至少有两个特征："（1）市场的种种变量，在对选择主体的关系上必须保持它的参数性质；（2）市场的种种变量必须按照社会的偏好程度由中央计划当局决定的，或至少用间接的方式使之受到有效的影响"④。于是在布鲁斯分权模式中，经济参数（价格、工资、利息率等）仍由中央计划当局决定。至于中央计划当局如何为下级规定和纠正经济参数（价格、工资、

---

① 在回顾社会主义经济核算大争论时，布鲁斯结合多布等的观点，对"兰格模式"进行了批判性分析。他认为，"兰格模式"把计划的作用仅仅归结为模拟市场供应，不仅限制了市场机制的作用，同时也降低了计划在国民经济发展中的地位，计划与市场并没有很好的结合。
② 锡克（1987）在《比较、理论、批评》（中译本）一书中对此给予了高度的评价，认为布鲁斯与兰格相比"设计了一个相似的大大进步的模式"。
③ 布鲁斯：《社会主义的政治与经济》（中译本），中国社会科学出版社1983年版，第9页。
④ 同上书，第10—11页。

利息率等），以及如何把实物表示的比例"翻译"为货币表示的比例问题，他与兰格一样认为那不过是可以借助电子计算机加以解决的技术问题，他写道："由于现代信息技术的发展，计划经济的分权所不可缺少的上述种种要求的实现，也将变得容易"①。

由于特殊时代的背景，布鲁斯对于经济核算的理解难免带有空想和误解的成分，对于"兰格模式"不足的纠正方面难免带有浓厚的计划经济色彩，同时，也忽视了经济机制运行中的利益和动力问题，但是，他在20世纪60年代提出并在70年代初进行完善的"分权模式"，以及对于传统社会主义经济改革的观点，具有很强的现实性和明显的进步意义，对此，我们要正确看待。

波兰在理论探索方面取得了很大的成就，并对东欧的其他国家产生了巨大的影响，但其改革实践却较差。1968年政治危机之后的反修大清洗，使主张改革的经济学家们成为主要的受害者，其中布鲁斯被驱逐出国。

二 捷克斯洛伐克的"市场与人道主义的社会主义"

捷克斯洛伐克自20世纪50年代下半期起进行了一些初步的政治经济改革，特别是1958—1959年，开始进行调整计划体制的尝试，但其后发生的党内政治清洗使这次改革很快就销声匿迹。杜布切克在1968年1月出任捷共中央第一书记之后，于4月5日，通过推行政治经济体制改革的《行动纲领》，宣布捷克斯洛伐克"将进行实验，给予社会主义发展以新的形式"。由此，捷克斯洛伐克进入了一个被人们称为"布拉格之春"的改革新时期。这种改革最突出的观点基础是"市场与人道主义的社会主义"。1969年4月，杜布切克被撤掉了捷共中央第一书记的职务，"布拉格之春"改革运动在苏联武装入侵下夭折。

为这次改革进行理论准备的是科学院经济研究所的改革派经济学家

---

① 布鲁斯：《社会主义的政治与经济》（中译本），中国社会科学出版社1983年版，第16—17页。

群体,其代言人为研究所的所长奥塔·锡克。早在1964年前后,这个研究所的研究人员就在制订改革计划。他们的领导人锡克(他当时是中央委员会及其所属的经济委员会的成员)在1966年的捷共第十三次代表大会上介绍他们的改革方案。这种改革方案最突出的观念基础是"市场与人道主义的社会主义"。之所以被称为"人道主义的",是因为锡克特别强调在改革中应充分重视个人的物质利益这一激励因素。他认为,这是市场与计划相结合的黏合剂。

20世纪60年代初,锡克发表了以全面论述生产关系和所有制、需要和利益、经济和政治等若干基本理论为主要内容的《经济、利益、政治》(1962)一书。在这部著作中,锡克在尝试指出斯大林的商品和货币理论的根本性的方法论缺点及其错误的理论根源基础上,开始论述利益的重要性,并对利益与市场关系的内在联系进行了揭示。他认为:"经济利益,特别是物质利益,是最基本的利益,是一种占据人的全部心灵,如果满足就得花费全部精力的最强烈的利益,是一种一般劝说和鼓励等所不能改变的"。[①] 由于在人类社会,人们的需要和利益是经济活动的最主要、最直接和最客观的动力,因此,必须加强和重视对经济利益问题的研究,必须揭示经济利益的本质、经济利益的内在矛盾以及对经济发展的作用。他认为,如同"力""能""速度""吸引力"范畴在物理学中的意义一样,"经济利益"等范畴是政治经济学的基本范畴;分析社会各个不同集团的需要和利益,把握这些需要和利益的相对独立的发展及其对社会经济的反作用,是认识社会主义制度下经济发展以及人们之间利益关系特点的前提条件。结合他的利益等观点,锡克论述了市场对于社会主义经济发展的内在必然性。他认为,既然劳动对大多数人来说还不是生活的第一需要,那么,获得物质利益仍然是人们从事经济活动的直接动力。由于人们在劳动中追求各自的经济利益,就使各自的劳动表现出与社会必要劳动相对立的局部性。于是,劳动的局部性与整体性就成为社会主义市场存在的根本

[①] 锡克:《经济、利益、政治》(中译本),中国社会科学出版社1984年版,第303页。

原因。

锡克在代表作《社会主义的计划与市场》(1965)中，以"兰格模式"为基础，以"苏联模式"错误和危害为反面教材，更进一步从利益角度，对社会主义市场的必要性作了深刻的探讨，提出并论证了社会主义制度下计划与市场相结合的体制模式。① 锡克是从全面分析"兰格模式"的基础上引入自己论题的。他首先对兰格的贡献给予了充分的肯定："兰格的最大功绩，就在于他从存在着生产替代作用和消费替代作用这一观点出发，强调生产结构问题，并强调各种可供选择的解决方式以及价格对于保证最有效解决办法的意义"②，接着，他对"兰格模式"的缺陷进行了分析："遗憾的是，他对市场问题的解释并没有揭示社会主义制度下这一现象的社会经济实质，他不是以社会主义劳动和经济利益的内在矛盾性为出发点，因而不承认价格是解决这一矛盾的必要形式。因此，他也不能理解社会主义制度下的市场的真正经济实质以及计划与市场的辩证关系。他不能不受到在当时的马克思主义者中流行的关于市场机制和社会主义计划性不可能同时发生作用这一普遍观点的影响"③。

对于市场存在的必要性，他认为，市场之所以不能被取代不仅因为在技术上存在不可克服的困难，而且因为在社会主义社会中企业与社会之间存在不可克服的利益矛盾。没有市场，就不能保证企业有社会所需要的微观生产结构，企业就不能灵活地根据需求的变化进行生产、积极主动地改进质量和生产新产品、最经济地利用生产要素、最大限度地提高生产率和最有效地进行投资等。没有市场，不仅自发的机制将消失，而且计划和监督结构也不可能弄清具体的需求，不可能最有效和最灵活地组织生产，从而也就不可能具体地反映社会利益和保证社会利益的实现。对于利益的重要性，他强调："一个社会如果只存在上层建筑刺激（政治的、道德的刺激），借此促进社会必要劳动的实现，从而促进对

---

① 在《社会主义的计划与市场》的叙述中，为了突出重点，略去他对计划性的论述。
② 锡克：《社会主义的计划和市场》（中译本），中国社会科学出版社1982年版，第26页。
③ 同上。

劳动的必要发展形式的研究和认识，但是缺乏真正的、直接的经济刺激，甚至可能存在完全相反的刺激（阻碍劳动的社会必要发展），那么，这一社会迟早必然垮台"。[①] 在这部著作中，锡克还对信息问题给予了关注，他认为，社会主义经济在信息收集、传输和处理上存在许多困难。由于信息的不完备性（加上利益上的矛盾），使人们的每一具体劳动还不具有一般的、直接的社会性质，并不能直接成为完全的社会必要劳动，而利用市场，企业掌握和处理信息的能力增强，使生产更加符合社会需要，既有利于生产的最优发展，又有利于促进生产力发展，解决生产和消费的矛盾，又能解决因利益的矛盾而妨碍具体劳动耗费向社会必要劳动转化的矛盾。由此，锡克又从信息出发，论证了市场的必要性。

20世纪70年代，锡克在《第三条道路》（1972）著作中，更进一步论述了计划与市场结合的必要性。锡克提出，社会主义生产资料公有制和经济发展的宏观平衡的要求，使社会主义计划经济成为必然。计划经济同利用市场机制并不矛盾；相反，取消了市场机制，就不可能实现微观的平衡，亦不能达到宏观的平衡。因此，计划必须建立在市场运动的基础上。

锡克的经济思想对东欧国家乃至西方左翼经济学家都产生了很大的影响。作为政府负责经济工作的副总理，锡克依据他的理论设计了捷克斯洛伐克1968年全面经济体制改革的蓝图。但是"布拉格之春"的流产使锡克放弃了市场社会主义思想，在流亡西方以后，锡克成为"第三条道路"理论的倡导者。

第四节　苏联：完善计划经济的努力

斯大林逝世后，苏联经济学界也掀起了改革的讨论，例如，其经济研究所于1956年、1957年举行了几次如何有计划地形成价格的专题讨

[①] 锡克：《社会主义的计划和市场》（中译本），中国社会科学出版社1982年版，第135页。

论会。1961年苏共二十二大后，苏联重新掀起轰动国内外的经济问题的大讨论，1962年苏联科学院经济研究所编的《政治经济学教科书（增订第四版）》中，直接批评了斯大林在商品生产和货币关系方面的片面性，而1962年科别尔曼的《计划、利润、奖金》文章发表①，以及1966年利希奇全的《计划与市场》的专著发表，标志着苏联经济学界对于完善经济运行机制探讨进入新的阶段，不过，总体上讲，苏联经济学家的这些研究并没有达到东欧学者的认识程度。

苏联学者在全然不知20世纪经济核算大争论的情况下，对计划经济完善的研究达到了前所未有的高度。他们以最优化为工具，以"只有科学地制定经济计划，才能全面发挥计划经济制度的真正优越性"为立足点，以在研究中引入当时仍被排斥的效用、稀缺、边际分析为突破点，建立了一套至今仍对计划经济的青睐者有无穷魅力的理论体系。通过对苏联最优计划理论的学习，有助于矫正一些学者"寄希望通过计划经济的完善来解决计划经济实施中问题"的错误幻觉。

一 最优化思想的发展

在苏维埃政权的初创时期，苏联党和政府就非常注意发展经济科学，其中包括经济中的数量分析方法。早在20世纪20年代初期，苏联学者和实际工作者就建立了国民经济平衡表，还制定了统计核算和统计报表的体系，这就有可能对一系列重要的国民经济比例关系，不仅能进行数量分析和计划，而且能进行质的分析和计划。为了过渡到以寻求最优解为基础的更精确的计划方法，20年代中期，苏联中央统计局制定了棋盘式平衡表，它比传统的平衡表更详细地反映部门联系，而首要的是能使这些部门联系进行最优化，这就是现代投入产出分析的基础（涅姆钦诺夫，1965）。

---

① 在东欧经济学家的许多著作或论文中都提到了科别尔曼的影响，如绍穆埃利（Szamuely，1984）指出：科别尔曼在国内外反应强烈。

随后几年，伴随斯大林的独裁专政和对经济学家的清洗，经济数学方法被视为资产阶级的意识形态而遭到批判，数学方法和数理统计在计划统计工作中的运用很长时间被禁止（Gardner，1990）。但是，尽管如此，这方面的工作还是延续了下来，到 20 世纪 30 年代末已形成了借助线性规划解最优化问题的一般方法，其中，康托罗维奇于 1939 年完成了现代经济数学方法——线性规划的开创性研究，其成果《生产组织与计划的数学方法》比美国学者丹齐克的同类成果（发表在 1947 年）要早 8 年时间。令人遗憾的是，在当时的环境下，康托罗维奇的这项重要发明很快就被打入冷宫。面对当时的"恐数学症"[①] 和强大的政治压力，虽然康托罗维奇"遭遇严重的绝望——不能集中精力在科学上"[②]，但是，他并不妥协，继续从事线性规划的研究，并逐步改进核算方法。40 年代初期，他取得了一些重大的进展，扩大了线性规划方法及其在经济方面的应用领域，并完成了《资源最优利用的经济核算》一书的初稿，提出了著名的"客观制约估价"理论，比后来西方经济学界丹齐克、柯普曼等提出的"影子价格"理论早了若干年。但是，苏联数理经济学界的这本最重要的著作直到 1959 年才得以问世（康托罗维奇，1975；Gardner，1990）。值得注意的是，尽管政治环境恶劣，康托罗维奇等的研究还是得到了一定的回报，其中，1949 年康托罗维奇的著作《泛函分析和应用数学》（Functional Analysis and Applied Mathematics）获得国家奖就是一个很好的说明（Gardner，1990）。

斯大林逝世后，苏联经济数学的研究取得了很大的进展。苏联数理经济学派复兴后，在涅姆钦诺夫的努力下，投入产出分析和线性规划方法在苏联恢复了名誉（陆建人，1989）。1958 年，涅姆钦诺夫与康托罗维奇共同组织成立了苏联科学院所属的"在经济学中运用统计和数学方法实验室"，该实验室吸收苏联科学院在西伯利亚城市的西伯利亚分支成员为会员，对苏联数理经济学派的形成起了很大的作用（Gardner，

[①] 康托罗维奇在 1939 年对线性规划研究的论文在苏联外的影响远大于苏联内（Gardner，1990）。

[②] 转引自加德纳（Gardner，1990）。

1990）。1960年4月，苏联科学院召开了"全苏数学方法在经济研究和计划工作中应用学术大会"，涅姆钦诺夫任会议主席（涅姆钦诺娃，1984）。会议上，康托罗维奇批评主流经济学家对优化的偏离，声称苏维埃经济和数学方法支持马克思的原理（Gardner，1990）。1963年，在上述经济数学实验室的基础上，正式成立了"苏联科学院中央经济数学研究所"，涅姆钦诺夫是该所的创始人，费多连科出任所长（陆建人，1989）。康托罗维奇等在西伯利亚培养出一批杰出的青年研究人员，其中包括著名的学者阿甘别吉扬（Gardner，1990）。这一时期是苏联数理经济学派开展活动的一个高潮阶段，诺沃日洛夫对耗费与成果计量的研究，康托罗维奇对数学程序的研究，涅姆钦诺夫对经济数学方法和模型的研究，等等，取得了不少引人注目的成果（陆建人，1989），在这时期，康托罗维奇、诺沃日洛夫和涅姆钦诺夫于1965年获得苏维埃公民的最高荣誉——列宁奖（Gardner，1990）。

20世纪70年代以后，苏联数理经济学派发展很快，不仅直接影响到苏联政策的制定，而且变得更加主流，尤其是关于国民经济最优规划、动态经济模型等的研究取得突出的进展（康托罗维奇，1975；Gardner，1990；布尼奇，1985）。进入80年代以后，对资源最优化理论的研究有了新的进展，以费多连科为代表的新一代学者提出了"借助于数学方法来实现社会主义经济的资源择优分配"的最优运行理论（费多连科，1983）。

1975年康托罗维奇与美籍荷兰经济学家库普曼斯被授予诺贝尔经济学奖，以表彰他们在创建和发展线性规划方法以及革新、推广和发展资源最优化理论方面所做出的杰出贡献（刘树成，2004）。

二 最优计划理论

苏联数理经济学派坚持以马克思主义经济理论为指导，以劳动价值论为基础，"把最优化数学方面应该看成是在社会主义体制条件下才是最有价值和最适合的，在社会主义经济中，科学的计划工作起着一种无法估量的作用"（康托罗维奇，1975，p.24）。一方面，他们对市场社会主义等类似的理论要么全然不知，要么不屑一顾①；另一方面，他们是旧体制的批判者，试图用科学的态度分析旧体制的弊病与矛盾。下面我们对影响最大的三位学者诺沃日洛夫、康托罗维奇和涅姆钦诺夫的最优计划理论给予介绍。

诺沃日洛夫是享有很高国际声誉的经济学家，他一生都在致力合理资源分配问题的研究。早在1926年，他在一篇《商品的短缺》中表述了资本主义经济增长主要受需求约束，而社会主义经济增长主要受资源约束的思想。这一思想对后来匈牙利著名经济学家科尔奈产生了重大影响。他认为，传统计划体制的一个最大弊病是计划指标不科学。这种不科学的计划方法与指标，使社会主义制度所固有的优越性不能充分发挥出来，在经济效益上不如资本主义。他把主要精力放在研究经济效果的计量上。他指出，制订国民经济最优计划时，必须把"费用最小值"作为经济最优化的综合标准。为此，就应当从各种可能的计划方案中，选择能够使整个国民经济的耗费增加量限制在最低程度的计划方案。高效能的生产资料（资源）在一定时间内总是有限的，它们使用在不同企业、生产不同产品时的效率是不相同的。诺沃日洛夫对苏联过度集中的体制提出了直接的批评。他在《最优计划条件下耗费与成果的核算问题》一书中指出，过分集中的体制不利于激励群众的首创精神和创造力，主张中央计划只对重要的任务如制定长远的宏观经济目标、国民经济的综合平衡、投资政策与技术进步等进行直接管理，而其他方面，则应尽量利用各种经济杠杆如信贷、利率、利润额、成本等进行间接管理（陆建人，1989）。

康托罗维奇在对"胶合板托拉斯问题"等实际问题思考中，发现求解这类计划经济资源分配中经常碰到的问题，拉格朗日乘数的经典方法在实践中并不适用（Gardner，1990），"因为它需要从成千上万个

---

① 康托罗维奇（1976）指出："西方刊物上（基于对事物本质的无知或加以歪曲）出现了一种把最优化规划与'市场社会主义'理论联系起来的看法，那是完全没有根据的"。

（如果不是几百万个的话）联立方程组求解"①。由于这一原因，他发展了新的方法，于 1938 年首次提出求解具有线性约束的极值问题方法——求解乘数法，即以后所谓的线性规划方法，后来进一步发展成为数学最优化规划方法（斯莫林斯基，1976；康托罗维奇，1975）。求解乘数法的提出，为科学地组织和计划生产开辟了现实的前景，它不仅可以运用于解决一些实践问题，诸如合理地分配机床机械的作业，最大限度地减少废料，最佳地利用原材料和燃料，有效地组织货物运输，最适当地安排农作物的布局，等等（康托罗维奇，1975），而且，"最优规划能保证成功地求解一系列生产计划和国民经济计划的极值问题"（涅姆钦诺夫，1965，p.74）。随后，康托罗维奇在研究企业之间以及整个国民经济范围内如何运用线性规划方法时，提出了客观制约估价，以实现全社会范围的资源最优分配和利用。所谓的对产品的客观制约估价，是指在最优计划下生产每种产品所必要的完全劳动消耗量。在最优计划下生产一种产品，除要核算其直接劳动消耗外，还要考虑间接劳动消耗——有限资源的最优利用。因此，在对产品做出客观制约估价时，必须核算所使用的资源的间接消耗，间接消耗与直接消耗两者之和等于完全劳动消耗，或称劳动消耗总量。康托罗维奇提出了利用最优计划方法实行国家集中计划与企业分散决策相结合的新的设想。按照他的设想，集中计划不是通过向企业下达详细繁多、面面俱到的指标来实现的。中央计划机关只需根据现有的资源状况和总的生产任务，灵活地确定和下达各种资源和产品的客观制约估价指标，各个分散的企业将以客观制约估价来制订自己的最优生产计划，而这种计划必然使企业选择耗费最少而赢利最大的生产方法。这样，便很自然地将国家集中计划与企业分散决策有机地结合起来，从而实现国民经济整体利益与企业的局部利益互相协调一致（陆建人，1989；康托罗维奇，1975）。虽然康托罗维奇并不知道那场社会主义经济核算大争论，但是他的这种设想与兰格模式有

---

① 转引自斯莫林斯基（1976）。康托罗维奇在该问题的思考类同哈耶克批判市场社会主义实践不可行的思考。

些类似。兰格主张国家制订计划时通过"试错法"模拟市场机制，找到合适的价格参数，各分散的企业按中央下达的价格参数安排生产计划，以实现资源的最优配置，而康托罗维奇运用了现代数学方法，通过核算各种资源的客观制约估价，从而实现资源的最优利用（陆建人，1989；Gardner，1990）。康托罗维奇在生命即将结束时对此自负地认为："数学经济使用的一个主要成就是建立了一系列根据计划形成的价格问题，证明了价格和计划不可分离的理论"（Gardner，1990）。

涅姆钦诺夫一直支持康托罗维奇、诺沃日洛夫等的经济改革思想。早在1962年，他就在《真理报》上提出了企业产品自由贸易的思想。他支持科别尔曼，主张"给直接生产企业的成员以必要的自主权和物资激励"。他在《社会价值和计划价格》一书中批评了苏联排斥市场的传统观念，并提出了独特的见解。他提出"消费评价"的概念，并强调"消费评价"对价格的影响，为苏联数理经济学派的"最优价格"理论奠定了基础。涅姆钦诺夫强调国家与企业的关系不应建立在行政命令的基础上，实际上已隐含"计划与市场"相结合的重要因素（涅姆钦诺夫，1965；陆建人，1989）。

按照经济最优计划理论的观点，实现经济的最优运行，必须在马克思主义经济学的基本原理基础上，就经济发展目标的形成、制约目标实现的条件，实现资源最优分配的手段等，进行更为深入、具体的分析。要现实地组织社会生产，分配社会资源，必须把基本经济规律所表述的生产目的具体化。具体化的过程就是构造国民经济最优标准的过程。可以用产出量最大、消费最大、耗费最小等指标，从不同方面反映这一标准。

最优计划理论不仅对苏联的理论和实践有过重大影响，而且也引起奥地利学派［如拉沃伊（Lavoie，1981）、凯泽尔（Keizer，2001）］等的关注。1975年康托罗维奇获得诺贝尔经济学奖就是一个很好的例证。

三　最优价格理论

按照最优计划理论的观点，正是经济发展多方案性的存在才使经济计划在各种方案之间进行自觉选择成为必要和可能。不过，虽然选择是自觉的，但并不是主观随意的，或者说不能完全依据"计划制订者的偏好"。由于，最优计划与正确价格是不可分离的（Gardner，1990），在中央不可能预知每一项经济决策的耗费的情况下，由中央集中决策就难以实现资源的最优配置，因此，只有在具备一种最优价格的情况下，由每一个投资者自己选择资源投向，才有可能实现资源的最优配置。可见，实现资源最优分配的条件是正确的价格体系。

最优估价。传统计划的价格形成公式即平均成本加平均利润（计划利润）存在严重的问题，因为当按照劳动耗费（成本）形成一种产品的价格时，实际上已经包含了作为其资源的那些物品的价格，而这些物品的价格本身也是一个有待确定的量。所谓必要劳动耗费，应是在资源最优配置时的耗费，即最小耗费。资源未达到最优配置时的耗费，还可以由更小的耗费取代，因而，依据这种耗费形成的价格难以实现资源的最优配置。康托罗维奇的"客观制约估价"和费多连科等学者进一步发展提出的"最优估价"试图对该问题给出解答。

康托罗维奇在《资源最优利用的经济核算》中提出了"客观制约估价"理论，而这一理论恰恰是针对传统计划体制的弊端提出的。"客观制约估价"是在最优计划条件下所得到的对各种产品品种和资源的估价。所谓估价就是估算，评价的意思，所谓"客观制约"是指估价实现的条件，即估价不是主观产物，而是在实行最优计划的客观条件下决定的。所谓最优计划即计划中的产品成本最小而获得的利润最大。客观制约估价体系包括：（1）对不同专业和技能的劳动力的估价；（2）对产品（最终产品和中间产品）的估价；（3）对各种原材料的估价；（4）对电力的估价；（5）对设备的估价（租赁估价）；（6）对自然资源（如土地、矿藏）租金的估价；（7）对各种劳务（运输、邮电）的估价，等等。对产品的客观制约估价，是指在最优计划下生产每种产品所必要的完全劳动消耗量。康托罗维奇主张利用客观制约估价对传统价格进行根本改造，包括提高稀缺资源的价格，以客观制约估价为基础制定价格等（Gardner，1990；陆建人，1989；康托罗维奇，1975）。

费多连科等学者提出的最优运行理论把有限资源的最大社会效用作为经济运行的目标。在确立目标之后，马上面临目标的实现问题。在该理论看来，资源择优分配的前提是对逆向耗费的核算，而无论是计划机构在宏观领域自觉配置资源还是各个独立的经济主体自主地实现具体项目的选择，都需要有一种正确的价格来导向。这种价格体系就是产品的"最优估价"系统。社会要想利用有限的资源创造最大效用，只能借助于在择优分配过程中形成的价格来实现。以资源稀缺和效用作为价格形成的基础，也就自然而然地解决了社会主义政治经济学中长期争论不休的自然禀赋能否具有价格的问题，比如土地、水源，等等。在具体配置资源的过程中，在中央的"总量计划"形成经济基本比例、指明资源配置大致方向的基础上，利用市场价格反映出的某一部门对资源的需要程度（这同社会效用的大小成正比），实现具体的资源配置。在实践中，"当所有资源总量与保证单个生产单位达到其局部收益最大值的资源相比数额足够大时，平均耗费便接近于边际耗费"。[①]

　　效用价格。所谓效用价格，是以社会需求，以及通过建立和利用数字程序方法求解的资源最优分配方案作为定价的基础和原则。主张实行效用价格的经济学家认为，在社会主义社会生产发展中，可以把最大限度地满足需求理解为社会最终产品的最大效用。各种社会财富（劳动产品和资源）应按它们的社会效用进行评价。各种产品不仅应对社会有用，而且应最有效用地满足社会需求，因此价格形成的基础应是可用财富的有用性。由于可用财富是有限的，效用价格由产品和资源的稀缺性决定。按照效用价格的观点，使效用最大化的机制是消费者的选择、爱好。由于消费者所关心的是产品使用的最大满足，这种可满足的需求是有支付能力的需求的折射，因此评价最大效用的标准应是市场供求的均衡价格。只有反映市场均衡的效用价格，才能作为国民经济最优化的方向标。在研究价值量和价格形成时，他们认为，必须考虑通过供求表

---

　　① 费多连科：《社会主义经济最优运行理论》（中译本），中国社会科学出版社1991年版，第206—207页。

现出来的社会需要的问题，因为供求的比例反映了社会需要对价值形成的作用，它不仅影响到价格偏离价值，而且影响到价值本身的形成，因此在苏联的效用价格模型内，包含了核算需求和供给的方法，以求从数量上把握社会需要对价值量（价值变化形态）形成的影响。

效用价格的形成和发展经历一个较为长期的过程。早在 20 世纪 30 年代，康托罗维奇就提出在企业内通过对资源的最优利用来取得最大经济效益的观点。50 年代末从完善宏观的国家计划角度出发，他认为各种资源是有限的，通过线性规划的核算，可以达到国民经济范围内对资源和计划任务的最优分配，使社会总效益达到最大。康托罗维奇把资源和产品的需要量作为国家计划预先规定的不变量，要解决的是如何最合理地分配资源，对市场供求情况却很少考虑，价格只是一种核算工具（斯莫林斯基，1976；康托罗维奇，1975）。随后，诺沃日洛夫发展了康托罗维奇的观点。他认为，最优计划是最大限度地符合社会需要的社会生产计划。由于需求量受价格影响，最优计划目标与需求量经过多次迭代修正，可以得到反映需求的效用价格，因此，在诺沃日洛夫体系中，供求起着重要的作用。为了求解能同时反映耗费最小而效用最大的效用价格，他认为，必须核算增产每一个单位某产品引起的国民经济最终产品生产耗费的增长额，即边际耗费，价格应面向边际耗费。另一位著名学者涅姆钦诺夫在《关于进一步完善计划和经济管理问题》一书中，批评了传统的价格理论"只考虑产品中的劳动耗费，而不考虑产品效用"的缺陷，从提高效益、提高产品效用的角度出发，提出了"消费评价"概念，并对消费评价的三个因素列出了核算公式等，为效用价格理论奠定了基础（陆建人，1989）。到了 70 年代末 80 年代初，苏联有些学者更加明确地指出，产品的社会效用不仅影响价格对价值的偏离程度，而且直接影响必要劳动耗费的形成。费多连科指出，价格只有考虑产品的有用效果及其稀缺程度，才能反映社会必要再生产劳动耗费。布尼奇认为，效用价格并不完全否定耗费，而是将效用和耗费一起考虑，效用价格告诉人们的是社会需要什么，应该生产什么，生产多少，耗费告诉人们的是要不要去生产，怎样生产，生产多少，效用价格就要在成果和耗费的相互平衡中形成。他认为，供应价格与需求价格相均衡、生产与消费相均衡的出现，是最优化的表现。主张效用价格的学者提出，价格改革就是要由耗费型价格向效用型价格过渡（费多连科，1983；布尼奇，1985）。

四　简要评论

总的来讲，与东欧国家相比，苏联经济学界由于受到更多的教条主义和意识形态束缚，无论从理论上还是在实践中，20世纪80年代以前的变革并没有摆脱计划经济的框架，科别尔曼也罢，最优化理论也罢，做的只不过是计划经济的完善或修补工作，而且，几乎是在对二三十年代社会主义经济核算论战全然不知的基础上进行的①，这不能不说是传统社会主义的悲哀。不过，最优计划理论的提出对苏联乃至我国计划经济的计划制订和实施等起到了不可低估的作用，尤其是，康托罗维奇的最优计划理论包含着（尽管隐含的方式）对"斯大林计划方法不是优化"的证明，以及"计划经济下社会主义价格存在"的证明，从另一侧面回应了哈耶克和兰格有关信息、激励和分权等问题的争论（Gardner，1990），对解决经济核算问题做出了新的探索。

第五节　理论的逆转：从计划走向市场

直到20世纪70年代末，无论在实践中还是在理论上，所有的尝试都是在计划体制内部的某些修正。或者说，当时，人们只是把市场的引入视为完善计划制度的一种手段，而且只是一种辅助手段。即使是提出充分利用市场机制主张的学者也普遍避免使用"市场经济"这样的字眼，最多也就是含有内部市场机制的计划经济模式，而且，投资配置被排除在这种市场机制之外。虽然所有的学者和改革者都对命令经济缺乏

---

① 凯泽尔（Keizer，1987）评论道："苏维埃理论家甚至永远不知道它（指社会主义经济核算辩论——笔者注）的存在"。

效率深有感触，但几乎都把失败归咎于过度的集中计划和改革没有得到真正的实施。人们不仅对重大投资决策由中央做出的可能性毫无疑问，而且认为，不能根据长期的社会发展要求来保证资源的有效配置正是市场的致命缺陷。

从20世纪80年代初起，面对多年经济改革的困境，特别是东欧众多倡导改革的经济学家开始普遍对计划体制本身提出质询。那种认为社会主义制度在推动经济发展方面比其对立面资本主义制度更优越或至少具有潜在的优越性的信仰，开始动摇。如果说之前人们普遍认为旨在增进效率的经济改革应该在一种计划的基础上通过完善体制来实现的话，现在的经济学家却越来越倾向于认为，应该进行一种以市场为基础的改革①。

科尔奈1980年的《短缺经济学》大大强化了人们对社会主义优越性的怀疑态度，而到了20世纪80年代中期，科尔奈则对公有制与市场经济的兼容性表示了极大的怀疑，其中影响较大的论文是《软预算约束》（Kornai，1980）和《理想与现实》（Kornai，1986）。他在《理想与现实》一文中对包括自己在内的天真改革者们的观点进行了批评：那种认为计划与市场存在互补、和谐的双重性的信仰构成先驱者幼稚病的根本点。"天真的改革者没有认识到间接行政控制与市场之间存在冲突。他们认为，只要抛弃集中化的体制，就有足够的条件保证市场的积极运行"。在1990年以后出版的《共产主义的政治经济学》《通向自由经济之路》《大路与小路》等著作中，科尔奈彻底否定了市场社会主义的思想，明确指出了向资本主义过渡的思想。

布鲁斯20世纪60年代提出的分权模式曾经激励着经济学家的改革思考，但是，到80年代后期，他也进行了自我批评式的总结，改变了一度所持的"市场社会主义"立场。在与拉斯基合著的《从马克思到市场》一书中，他接受了米塞斯、哈耶克和科尔奈等对公有制的批评

---

① 其实，早在20世纪60年代就有经济学家提出应当让市场获得配置资源的基础性地位，例如，苏联经济学家利希奇金在《计划与市场》（1966）中，但这类观点是非主流的。

意见，认为在公有制下无法产生承担风险和捕捉机会的企业家，无法解决预算软化问题，计划与有管理的市场相结合的模式是错误的，应该建立一种全面市场化的社会主义经济。

此外，锡克的思想在20世纪80年代中期也发生了很大的变化。他在《一种未来的经济体制》（1985）一书中，既反对私有制，也反对国有制，提出了著名的资本中立化理论。

可以说，到20世纪80年代末，经济学家的新观点是共通的，即应当抛弃任何形式的中央集中化的计划体制；市场不能局限于产品领域，应该扩展到资本和劳动力领域；私有化是合乎愿望的，必须限制公有部门并保持所有制形式的多样化。80年代末期和90年代初的苏联、东欧剧变表明，数十年对计划体制的改良已彻底失败，"向市场经济过渡"成为各国的共识。与此相对应，苏联、东欧经济学家不再讨论原来意义的计划与市场的关系问题，转而把精力主要用于如何过渡的问题研究。

让人感叹的是，不仅是苏联、东欧经济走上了市场化的道路，而且那些曾经满怀热情试图对社会主义进行改革的人也毫无条件地拥抱市场原则了（布鲁斯，1989；Kornai，1986；皮尔森，1995）。

第五章　对争论的反思（二）：批评对象转换和理论重新建构

最新一次爆发的反思是苏联、东欧剧变之后。这次反思的背景较为复杂：一方面，苏联和东欧的剧变及其后纷纷走向以私有化为基础的自由市场经济体制，好像已证明米塞斯和哈耶克一方的"完全胜利"；另一方面，新古典经济学的主流地位日益强化。于是，新奥地利学派及其同情者的反思，主要是基于新奥地利学派经济学与新古典经济学的直接比较，对后者提出批评；而"市场社会主义"的追随者则试图汲取新的营养，在对失败的反思中进行理论重新建构。如果说以前的反思主要是在计划与市场这两种机制的比较框架之下进行的，那么，这次新的反思却是在更广泛的框架下进行的；如果说第三章所述的反思主要是集中于对市场机制和市场过程的理解，那么，这一次的反思还注重了激励问题、各种所有制与市场体制之间的相容性问题等。

第一节　对新古典经济学范式的批判

没有人能够否认新古典经济学在理解市场运行方面所取得的成就，但也没有人能否认它在这方面所存在的理论缺陷和视野的局限，其中，最为严重的是它无法令人满意地解释市场活动的动态特征。奥地利学派正是针对这些缺陷来批评新古典范式的，并由此引起人们越来越多的关注。奥地利学派批评的核心思想是：静态的均衡理论并不能捕捉真实市场经济的重要特征。不仅个人在收益与成本核算方面的估价本质上是主观的，而且，个人的预期和知识也是主观的。对这些方面的强调使新奥地利学派非常重视哈耶克在《经济学与知识》一文中所体现的这方面思想。类似地，拒绝把静态均衡作为经济体制设计的工具，也使这一学派更重视真实时间的重要性。对"社会主义经济核算争论"的反思，也使奥地利学派对制度、规则结构与市场之间的关系，做出新的探讨。

一 勃特克的批判

在众多的奥地利学者中，勃特克对新古典范式的批判格外引人注目。勃特克敏锐地感觉到，随着苏联和东欧的剧变，奥地利学派对市场社会主义的批判"已不再是基础性的批判"（Boettke，1998），而"这意味着范例的冲突发生在奥地利人和同时代正统理论坚持者之间"。[1] 勃特克对新古典经济学范式的批判，主要从缺乏过程的均衡和缺乏经济知识两个方面展开的[2]，虽然并不非常系统，而且还分散在经济核算争论的反思之中，但是，还是比较中肯和有力的。

对于新古典经济学范式，勃特克（Boettke，1990）早在1990年出版的《苏联政治经济学》中就做过批判，他写道："标准福利经济学在假定所有偏好和产品技术信息已知的前提下，寻找最优的资源使用，但是，这明显不是社会面临的主要经济问题"[3]（Boettke，1990，p.24）。勃特克认为市场是一个知识传递的动态过程，不是新古典经济学范式机械的静态分配问题。

勃特克对新古典经济学范式的批判，主要集中在1998年发表的《经济核算：奥地利学派对政治经济学的贡献》一文中。勃特克认为，一般均衡模型"充其量代表的是实际定价过程经过调整后，所完成优化的规则和原理，并不能描述实际定价过程……缺乏调整过程和缺乏所

---

[1] 同时代正统理论就是新古典范式的经济学理论。
[2] 文中也对奥地利学派的主观价值论的必要性进行了阐述，但由于不是针对新古典范式的批判，这里不做介绍。
[3] 标准福利经济学就是新古典范式的经济学。

要求的数据的核算并不'存在'"。在勃特克看来，一个均衡模型只有在所有外部改变停止的情况下，才是合适的描述，而缺乏过程的均衡在现实中毫无意义。对于经济核算中使用的价格，他精彩地论述道："在经济系统里，市场价格最灿烂之处是指导产量的决定，成本在任何情况下都不能独立于定价而存在"。

对于经济知识重要性的强调，勃特克没有忘记常常引起误解的米塞斯关于完全知识的假定。他指出，米塞斯是为了找出社会主义理论的核心问题，才假定在讨论的生产时期，社会主义独裁者拥有完全的技术知识、完全的（有效）生产要素目录和需要的人力，但是，即便如此，独裁者仍然必须在无数多样化的方案中进行选择，也必须找出实现生产计划的最好方法，而这一点独裁者是做不到的。对于经济知识重要性的强调，勃特克也没有忘记米塞斯在他的一般均衡模型里强调的仅在"市场过程"才存在的经济知识误解为一般技术知识的问题。他批判道："尽管米塞斯假定给定这些技术知识，但是，并不假定给定这个问题经济学意义上的完全知识。如果完全知识被假定，那么社会主义问题将变成充其量可以通过超级计算机解决的复杂问题。'特定的时间和地点环境的知识'，以及我们正在处理'由于自然特点不能进入统计数据'的事实，并不仅仅挑战社会主义的实用性，更准确地说，社会主义之所以不可能，是因为社会主义制度的构建排除了经济核算，消除了为了这些核算，经济行动者制造的经济知识"。在他看来，不仅经济知识没有市场过程的支持不能直接从技术知识推断，而且均衡价格的知识对于均衡之外的行动来说也是不相关的。他借用米塞斯的话进行了反问："'什么力量驱使一个人进行改变和创新'，米塞斯写道，'不是一个均衡价格的幻想，而是一个被限制了数量的较高价格的预期'……市场经济是一个企业家不断地改变交换的比例和生产要素的分配的过程"。在进一步描述企业家市场过程中的行为之后，他很有把握地总结道，如果行为者没有为处理均衡和均衡价格做任何事情，那么均衡价格对于行为者来说没有任何价值。

追随奥地利学派传统，勃特克也强调了主观主义的重要性。他认为，虽然激励问题等引起了社会主义一些困难，但这并不是问题的核心，要解决经济问题，主观理论是必要的，否则技术和经济问题之间的差别将被隐藏。在勃特克看来，资源配置不过是行为决定者使用稀缺资源的主观比较而已。

二　凯泽尔的批判

凯泽尔对新古典范式的批判，与勃特克不同，不仅比较系统，而且综合了奥地利学派和非奥地利学派许多学者对新古典范式的批判，其思想主要体现在《最近对社会主义核算辩论的重新阐述》（2001）一文中。

凯泽尔以"新奥地利学派用现代术语重新阐述奥地利学派对新古典均衡模型的批判"之气势，列举了拒绝新古典经济学范式的四个理由。

数据给定的假设。与"新古典理论假定所有相关数据'给定'"相反，"奥地利学派认为个体的决策，与其说是基于'数据'，不如说是主观知识，而且这些知识不是'给定'，而是在竞争的市场过程中连续的发现"。

模型的静态特点。在凯泽尔看来，奥地利学派对真实世界的描述可用时间、变化、不确定性、企业家的警觉、真正动态等来形容，而新古典经济学却把活生生的世界看作是静态、不变的，因而是错误的。至于米塞斯强调的静态情况下不存在社会主义核算问题，那是因为在这种情况下，根本不需要经济核算。新古典模型完全丢失了动态这个关键点，对奥地利学派批判的回应不可能是中肯的。

把"理性核算"误解为静态优化问题。"奥地利学派拒绝新古典经济学范式把'经济问题'看作是给定的目标下分配给定稀缺资源的技术优化问题"。通过对新古典经济学范式分析，凯泽尔认为，奥地利学派理性核算的概念比新古典纯粹选择逻辑概念更宽和更加动态。在凯泽尔看来，与罗宾斯（Robbin）等提出的均衡模型相比，"拥有不完美知识的资本主义企业家，运转在非均衡情况下，并且必须'推测'不确定的未来"。凯泽尔有力地总结道：在非均衡的真正生活中，企业家关注可能带来私人利润的机会。通过基于主观知识的行动（虽然可能是错误的），企业家推测可能使他觉悟的未来状况。

用"竞争"和"均衡"状态代替动态过程。凯泽尔认为，在新古典经济学范式中，所有的供给者和需求者都是价格的接受者，竞争是一个静态的概念，而奥地利学派的竞争是一个动态的过程，在竞争中，企业家是价格的制定者。他注意到，"一般均衡是一个假想的和不现实的状况，在那里，市场过程停止运行"。

三 罗斯巴德的批判

对于新古典经济学范式的批判，新奥地利学派的领军人物罗斯巴德（Rothbard）的批判也值得重视。

罗斯巴德（Rothbard，1991）认为，新古典范式的静态一般均衡模型的世界是"一个没有变化的世界，在那里，所有的'数据'——味道或价值测量，可供选择的技术和资源目录——对于每个人都是知道的，成本也是知道的，且总是等于价格"。他批判道："现实的世界并不是没有变化的'给定'，而是不断地变化，存在系统的不确定性。因为不确定，以资产和资源为赌注，努力取得利润，避免损失的资本主义的企业家，变成了经济系统的关键行为者。一般均衡理论无法描绘世界上的行为者"。可以说，对于企业家角色的重视是理解罗斯巴德对新古典范式批判的一个重点。有趣的是，在该文中，罗斯巴德还对市场社会主义使用静态一般均衡模型曾经取得争论"胜利"进行了追溯，认为对争论"标准版"解释影响最大的熊彼特"是一个热心的瓦尔拉斯主义者"。

罗斯巴德也非常重视被新古典经济学范式忽视的真实时间的重要性。他在对于熊彼特和奈特表示诧异之后，不无讽刺地评论道："熊彼特和奈特是克拉克的信徒，否定生产过程的时间角色。对于熊彼特来说，生产不需要时间，因为生产和消费是'同步'的"。

四 其他学者的批判

除奥地利学派的批判外,一些非奥地利学派学者在对经济核算争论反思时,也对新古典范式进行了批判,其中,考德威尔(Caldwell)的批判具有代表性。

在考德威尔(Caldwell,1997)看来,新古典范式的静态均衡理论作为理解市场经济的工具是不充分的,"市场作为一个发现和合作知识的企业竞争过程,已经成为奥地利学派思想的核心"。[1] 考德威尔认为,"在真实世界里,错误总是发生。主流理论学者一般将错误看作是非均衡现象,以致他们的理论很少直接处理现实中普遍存在的问题"[2],而"企业家在不平衡情况下的行动构成一个奥地利学派市场过程特征的基础问题"[3]。他接着对新古典范式评价道:"主流经济学家倾向于过高估计均衡价格信息的内容,过低估计非均衡价格信息的内容"[4]。

当然,哈耶克批判的是新古典经济学范式关于市场静态的非现实的理解,并不完全是新古典经济学范式对均衡的理解。对此,考德威尔评价道:"哈耶克并不是对均衡理论不清楚;相反,他甚至认为静态瓦尔拉斯模型包含着许多关于市场的洞察力"[5]。20世纪30年代后,哈耶克曾试图发展货币经济的动态一般均衡模型。也许,建立短暂动态均衡的失败反过来强化了奥地利学派的两个传统:拒绝数学化和均衡分析。

第二节 米塞斯们对争论原型的进一步厘清

随着计划经济实践的失败、苏联和东欧的剧变,作为"胜利方"

---

[1] Caldwell, Bruce, 1997: Hayek and Socialism, Journal of Economic Literature, Vol. 35, No. 4, Dec., 1866, pp. 1856 – 1890.

[2] Caldwell, Bruce, 1997: Hayek and Socialism, Journal of Economic Literature, Vol. 35, No. 4, Dec., 1884, pp. 1856 – 1890.

[3] Ibid..

[4] Ibid..

[5] Ibid., p. 1866.

的奥地利学派，在重新反思这场争论时，对争论中的一些重大问题作了进一步的厘清。

一 对核算问题的进一步证明

对于论战中哈耶克提出而被很多学者反驳的核算问题，嘉德纳（Gardner，1990）[①] 评论道："即使是今天的计算机，它也是不可能存储和处理进入优化计划的详细数据，以解决几百次几千个分解乘数因子的迭代。在所有人为设计的制度中，市场（尽管不完美）仍然是产生价格的工具"。对"修正版"解释做出重大贡献的拉沃伊（Lavoie，1990）却不屑一顾地指出，中心核算系统取代真实的市场只不过是科学幻想。实践并不像兰格想象的会随着电子计算机的发展，中央计划逐渐取代市场[②]；相反，社会正在向分散的市场发展。结合米勒（Miller）、德雷克斯勒（Drexler）等学者对计算机和市场关系的考察，拉沃伊很有把握地指出：未来的计算机系统将构成一个交互的为人们广泛服务的网络，而人们的交换仍然依赖于基于需求与供给的价格系统。勃特克（Boettke，1998）的反问也很有力："如果市场社会主义已经证明米塞斯的辩论是有缺陷的，哈耶克的复杂性问题能够通过先进的计算机解决……那么为什么这些国家的经济运作这样无效"。考德威尔（Caldwell，1997）等也提供了类似的答案。

二 对市场过程的进一步厘清

在20世纪80年代中期，即"修正版"解释形成后，拉沃伊（Lavoie，1986）在《市场是一个发现和传递默会知识的过程》一文中，对奥地利学派对"市场过程"理解的贡献给予了详细的介绍。东欧国家剧变后，奥地利学派在论战中取得了优势地位，在清理这场论战的遗产时，又进一步强调了对市场过程的理解。"市场过程"理论，作为奥

[①] 他在评价康托罗维奇最优化理论时提出的。
[②] 到1990年，兰格论文发表已过去50多年，此时，计算机已经有了广泛的应用。

地利学派一个重要贡献，被广泛应用于现代企业理论之中，这一点被誉为"新奥地利学派之父"的柯兹纳的贡献最为显著。柯兹纳不仅是市场过程的阐述者，而且是市场过程理论的深化和传播者，因此，本小节以柯兹纳的市场过程理论为重点进行介绍。

柯兹纳（Kirzner，1996）在《反思米塞斯经济学的遗产》一文中，从引言、米塞斯的市场过程、米塞斯和哈耶克对市场过程的分享理解，到最后一部分都是围绕"市场过程"清理米塞斯遗产的。

在引言中，柯兹纳讲述了自己从会计学转向经济学研究的经历。正是第一次见到米塞斯时被他的"市场是一个过程"而不是"一个地方、一个东西或者聚集的实体"的吸引，才使柯兹纳走进了经济学的大堂。

在第二部分，柯兹纳从三个方面介绍米塞斯的市场过程理论。第一方面是"米塞斯看到的市场过程是一个连续的驱使活跃的企业家追逐利润，同时也是在不断矫正行为的过程"；第二方面是"米塞斯的矫正过程是从一系列错误的价格朝向一系列充满交互调整的，而且可能被重新表述的价格的过程"，而哈耶克理解的市场过程"是一个连续的'发现的进程'（discover procedure）"；第三方面是"企业家驱逐时间的过程可能是实际市场竞争的过程"。

第三部分是第二部分的自然延续，柯兹纳主要强调的是米塞斯和哈耶克对"市场过程"理解的一致性，并且，依此作为对米塞斯和哈耶克理论异质性的批判回应。因为，在柯兹纳看来"市场过程并不构成（米塞斯和哈耶克）这样不一致的区域"，既然在重大问题上一致，那就不存在两个不同范式，由此完成对米塞斯和哈耶克理论异质性批判的回应。

在结论部分，柯兹纳意味深长地总结道："米塞斯对市场运行有一个意义深长和微妙的理解。根据这个理解，市场作为一个过程的特征处于中心地位。在市场里，企业家错误的判断倾向于被更加准确的判断取代（因而错误的价格被较少错误的价格取代）"。

除柯兹纳以外，奥地利学派的勃特克（Boettke，1990，1998，2004）、凯泽尔（Keizer，2001）、拉沃伊（Lavoie，1990）、伊格尔

（Yeager，1994，1996，1997）等对市场过程作了进一步的阐述。非奥地利学派的考德威尔（Caldwell，1997）、安德曼和德维纳（Adaman and Devine，1996）等也对市场过程给予了一定的关注。对于"市场过程"的强调成为奥地利学派一道独特的风景线。

三 关于哈耶克和米塞斯异质性问题争辩

在苏联、东欧剧变后，奥地利学派萨勒诺（Salerno，1990，1993）、罗斯巴德（Rothbard，1991）、赫伯纳（Herbener，1994，1996）等在重新反思社会主义核算的辩论时，对哈耶克（有时也包括新奥地利学派代表柯兹纳）的理论进行了批驳，认为哈耶克误解（或者说歪曲了）米塞斯。针对被称为 SRH（Salerno、Rothbard 和 Herbener 三人名字的首字母组成）的挑战，伊格尔（Yeager，1994，1996）、柯兹纳（Kirzner，1996）、勃特克（Boettke，1998）进行了回应，后来霍普（Hoppe，2006）等也加入了其中，成为奥地利学派内部一个重要的事件。由于该争辩的参与者包括新奥地利学派两个重量级人物罗斯巴德和柯兹纳，以及在争论中新奥地利学派的活跃学者勃特克，同时，又涉及奥地利学派的声誉，因而，争辩显得格外引人注目。

针对哈耶克"社会主义计划当局的主要问题是缺乏知识"的看法，罗斯巴德的诘难是有力的："一个静态的一般均衡经济能够克服哈耶克主义的分散知识问题，因为在最后，所有的数据都将被获得，但是，时常变化的数据会阻止社会主义当局获得这些数据"。按照罗斯巴德的看法，"对米塞斯来说，中心问题不是'知识'问题。他清楚地指出，即使社会主义计划者完全知道而且也渴望满足消费者优先的偏好，即使社会主义计划者拥有所有资源和所有技术的完全知识，因为缺乏生产工具的价格系统，他们仍然不能进行核算"。在罗斯巴德看来，哈耶克强调"知识"是不适宜的，是对米塞斯的误解。

罗斯巴德也对柯兹纳把哈耶克的观点诠释为"市场是一个发现默会知识的过程"观点进行了批驳。他认为柯兹纳误解了企业家的角色，评论道："企业家不是简单的'警觉'。他预测；他评估；他驱逐利润和冒损失的危险，遭遇和忍受风险和不确定性"。与萨勒诺的观点一样，罗斯巴德认为："哈耶克—柯兹纳的'企业家'是古怪的冷酷和被动，只能接受和被动地吸取市场给予他的知识"。

萨勒诺（Salerno，1993）在《哈耶克和米塞斯异质性》一文中，追溯哈耶克的教育背景，认为"维塞尔对哈耶克的影响是相当大的"。[①] 在萨勒诺看来，正是由于维塞尔和庞巴维克两个不同分支的影响，才出现了哈耶克和米塞斯两个不同的范式，然而："不幸的是，当前大多数被称为'奥地利经济学家'的学者没有认识到两个范式之间较大的差别"。萨勒诺认为，哈耶克范式强调的是知识的分解和它在个体消费者和生产者之间的传播，并把它作为社会和经济合作的主要问题，而把价格体系看作是相关决策者搜索和沟通默会知识的工具，而米塞斯范式代表的是庞巴维克的思想，集中在使用实际的市场价格进行货币核算，并把市场价格作为资源理性配置的前置条件。萨勒诺（Salerno，1990，1991，1993，1994，1996）还对两个范式理论的异质性进行了详细的说明，并与伊格尔（Yeager，1994，1996，1997）就此问题进行了争辩。

霍普（Hoppe，2006）同意萨勒诺关于哈耶克与米塞斯异质的观点，认为哈耶克对辩论来讲"从一开始就是谬误，仅仅增加混乱"，对于哈耶克的理论，霍普使用了"错误、混淆、不相关""可笑"和"荒唐"等形容词。在他看来，米塞斯认为社会主义存在的问题是所有权问题，而不是哈耶克所讲的知识缺乏问题。霍普也对哈耶克的"价格系统是作为分散知识联结信息的机制"等进行了批判。

伊格尔（Yeager，1994）在《米塞斯和哈耶克关于核算和知识》一文中，通过对哈耶克曾经与米塞斯一起工作、经常参加米塞斯的私人会议等背景的介绍，对哈耶克如何把核算问题转化为知识问题的分析，以及对 SRH 三个学者提出的问题的详细分析，试图回应他们对哈耶克的非难。伊格尔（1997）在进一步回应 SRH 的批评时，还从保全奥地

[①] 考虑到维塞尔（Wieser）对瓦尔拉斯一般均衡理论的重视，就不难明白，为什么在 20 世纪 30 年代后哈耶克甚至进行许多努力试图发展基于使用资本货币经济的动态一般均衡模型（Caldwell，1997）。

利学派名誉的角度进行了规劝，然而，反对哈耶克与米塞斯的异质性的伊格尔并没有给出令人信服的反驳。

新奥地利学派领军人物柯兹纳的评论，对扭转辩论的形势起了一定的作用。柯兹纳（Kirzner，1996）在《米塞斯经济学遗产的反思》里，以非常尊重的态度，对萨勒诺和罗斯巴德，尤其是萨勒诺的异质性问题进行了回应，通过对米塞斯和哈耶克的市场过程理论这一看起来"两个范式"差异最大理论部分的介绍和分析，否定了哈耶克与米塞斯的异质性。

关于哈耶克和米塞斯理论之间的关系，勃特克早在1990年就做过评述，他把哈耶克的工作解释为"继续努力"，从而解释米塞斯没有明确解释的观点，提炼米塞斯已经清楚解释的内容，回答米塞斯留下没有回答的问题。[1] 在异质性问题争辩开始后，勃特克（Boettke，1998）通过对哈耶克和米塞斯理论的比较研究，认为柯兹纳是对的，不同意萨勒诺的两个范式理论之说。针对萨勒诺等关于米塞斯和哈耶克在市场理解上差异的诘难，他评论道："米塞斯—哈耶克理解的市场是一个不停止的矫正的过程"。至于赫伯纳的"即使中央计划当局拥有完全的知识也不能解决理性核算问题"，勃特克不无讽刺地讲道："如果完全知识被假定，那么社会主义问题将变成充其量可以通过超级计算机解决的复杂问题"。在笔者看来，如果拥有完全知识，那么，就没有必要比较米塞斯和哈耶克的区别，因为它已经走进新古典经济学范式之中。

关于哈耶克和米塞斯异质性问题的争辩，由于罗斯巴德和柯兹纳两个重量级人物持有不同观点，至今，仍没有形成一致的结论，不过，通过该问题的争辩，更进一步加强了我们对奥地利学派的核心命题"市场过程"的理解。

---

[1] Boettke, Peter, 1990: The Polictical Economy of Soviet Socialism: The Formative Years, 1918-1928, 重新复印于 Peter J. Boettle (ed.), Socialism and The Market: the Socialist Calculation Debate Revisited, Vol. Ⅶ, London: Routledge & Kegan Paul Ltd., 2000, p. 24。

第三节 兰格们寻求复兴的努力

随着计划经济实践的失败、苏联和东欧的剧变，20世纪40—60年代曾经辉煌的兰格们沦落为"失败方"，兰格本人早已逍遥天外，布鲁斯、科尔奈等追随者，也都加入了反对者的行列，市场社会主义的命运之惨状堪与昔日"战败方"米塞斯们相比。然而，事情并非总是如此糟糕，市场社会主义理论隐藏的光环，引起了不少学者的追随。被视为"新市场社会主义"的追随者们正在汲取新的营养，在对失败的反思中进行理论重构。也许它们也会像昔日"战败方"米塞斯们一样"死灰复燃"，而我国市场经济建设的成功经验，将为市场社会主义的"复活"带来新的曙光。

一 试图将所有权问题与资源配置问题分离的努力

长期以来，所有制问题一直困扰着市场社会主义的理论与实践，而"不情愿接受资本市场的做法，使市场社会主义成为'社会主义'"。①苏联和东欧剧变后，所有制与市场机制相容问题开始复兴，引起了新市场社会主义者和奥地利学派的重新思考和争辩。

针对第四代市场社会主义者在所有制问题上的缺陷，新市场社会主义者主张建立一个既不同于传统国有制又不同于资本主义私有制的，能够把平等与效率有机结合起来的社会所有制形式（Bardhan and Roemer，1992）。巴德汉（Bardhan）和罗伊默（Roemer）在对东欧国家控制企业失败原因分析后写道："尽管竞争的市场对于实现有效率的和有活力的经济是必要的，但是全部私人拥有对于竞争和市场的成功运行并不是必要的"。依此为出发点，巴德汉和罗伊默设计了一个国家控制银行（允许其他股东存在），间接控制大的企业的社会所有制形式。安德曼和德维纳（Adaman and Devine，1996）等也否认市场机制与私有产权

---

① 皮尔森、克里斯托弗：《新市场社会主义》（中译本），东方出版社1999年版，第163页。

制度的必然联系。

新市场社会主义者的观点受到奥地利学派的强烈反对。在奥地利学派看来，市场代表的是一种发现知识和传递默会知识过程（Lavoie，1986，1990；Kirner，1987，1996；Boettke，1990，1998，2004）。在这一过程中，相互竞争的私人资本发挥着不可缺少的作用（皮尔森，1995），"用单一社会所有制的独白取代相互作用的私人所有制间的对话过程，只能消灭产生价格信息的平等交换过程"（Lavoie，1990）。格雷（Gray）也认为，缺乏真正资本市场意味着国家投资银行无法了解合理的资源配置所需的关于相对稀缺方面的知识，而且个人不能持有资本将会导致各种反常的经济动机的产生。[①] 勃特克（Boettke，1998）对于私人所有权的重要性进行了反复的强调："没有生产工具私人财产权，理性核算是不可能的"，"所有这些辩论都是私人所有权辩论的衍生物。没有私人所有权就没有先进的经济过程"，"私人所有权是货币交换的前提条件"，"对哈耶克来说，正像对米塞斯一样，缺乏生产工具的私人所有权，理性经济核算将变得不可能"。在后期的论文中，勃特克（Boettke，2004）还结合激励问题，对私人所有权给予了更多的强调。

二 设计激励相容机制的努力

苏联、东欧剧变后，关于市场社会主义的兴趣重新燃起，讨论主要在支持者和反对者之间。一个基于信息经济学的对社会主义论战重新的阐述开始出现（Bardhan and Romer，1993；斯蒂格利茨，1994；Caldwell，1997）。信息经济学的发展为识别和分析社会主义经济问题提供了一系列强有力的工具（Caldwell，1997），信息问题和由此伴生的激励问题成为讨论和争辩的热点问题。[②] 信息问题和激励问题的重新发掘，促进了现代市场社会主义者超越其前辈的发展。尽管米塞斯和哈耶

---

① 皮尔森、克里斯托弗：《新市场社会主义》（中译本），东方出版社1999年版，第165页。
② 尽管之前有不少关于激励问题的探讨，但是信息经济学的发展为激励问题的深入分析提供了有效的工具。

克在批评社会主义时，都考虑到了激励问题，不过，对于他们两人来说，社会主义的激励问题都不是他们关注的首要问题（Hayek，1935；Boettke，1998）。①

在新一代市场社会主义者努力下，激励问题被重新重视起来，并转变为委托—代理问题。新一代市场社会主义者试图运用委托—代理问题的理论方法找到回应挑战的新途径。新市场社会主义者巴德汉和罗伊默（Bardhan and Roemer，1993）认为，尽管哈耶克正确地指出了在信息分散的稀缺环境下，价格系统是一个低成本机制，但遗憾的是，哈耶克由于对激励重要性的忽视，没有注意到信息不对称情况下的代理问题和机会成本问题，从而没有研究如何设计激励相容的机制解决这些问题（Caldwell，1997）。② 至于兰格，虽然注意到了激励问题的重要性，但是却在承认激励问题的重要性的同时，否认这样的代理问题是经济学家应该研究的课题："这个论点属于社会学而不是经济理论领域"（Caldwell，1997），在兰格看来，真正的激励问题是资本主义和社会主义都必须面对的官僚主义问题，而不是不可以对付的资源分配问题。对于新市场社会主义者质疑，考德威尔通过米塞斯和哈耶克论文有关叙述试图拒绝新市场社会主义者关于"奥地利学派忽视激励问题"的观点。考德威尔指出，米塞斯在1920年的文章就已经提出："消除私人企业赖以成功的自由进取心和个人负责制的做法，构成了对社会主义经济组织最严重的威胁"（Caldwell，1997）。考德威尔的结论是：虽然奥地利学派清楚激励问题，但是，他们并不系统地追逐它，重要的是"现代信息理论并不完全明白为什么奥地利学派不去追逐它"（Caldwell，1997）。

巴德汉和罗伊默（Bardhan and Roemer，1992）基于对委托—代理问题认识，认为如何激励国有企业的经理追求企业利润最大化，使其参

---

① 哈耶克认为，"尽管激励问题引起一些真正的困难，但并不是问题的核心"（Hayek，1935）。

② 关于机制问题的最具开拓性的著作参见赫维奇（Hurwicz，1969，1973），后续的著作参见格罗斯曼和斯蒂格利茨（Grossman & Stiglitz，1980），萨尔和斯蒂格利茨（Sah & Stiglitz，1986），以及拉沃伊（Lavoie，1986，1990）等。

与竞争过程，成为需要重点关注的问题。这是社会主义经济核算论战中的激励问题在新条件下的再现。巴德汉和罗伊默设想一个激励相容的市场社会主义模型。在这个模型中，大的企业是一个股份公司，决策由股东决定，工人按股份拥有平等的决策权，银行是主要的股东，对企业进行协调和监管，而银行又由国家、保险公司和其他银行控制。国家通过控制银行（允许其他股东存在）间接控制大的企业。值得注意的是，巴德汉和罗伊默还对银行免予行政干预的自治问题进行了分析，试图在坚持总体利润平等分配的基础上，解决管理激励问题（Bardhan 和 Roemer，1992）。

对于巴德汉和罗伊默关于市场社会主义激励问题的分析，施莱佛（Shleifer）和维什尼（Vishny）提出了质疑。通过对极权社会主义、民主社会主义，以及民主社会主义与民主资本主义的效率比较，得出"社会主义并不会随着民主的进程产生效率的目标"结论（Shleifer and Vishny，1994），换句话说，即使市场社会主义在政治上是民主的，与民主资本主义相比，依然是低效的，因为在施莱佛和维什尼看来，由于民主社会主义政府比民主资本主义政府拥有更多现金流，前者有更多的资金为追求政治目标投入无效的项目上去。

对于施莱佛和维什尼的质疑，巴德汉和罗伊默进行了有力的反击。他们通过对日本、南韩、中国等政府对集体经济目标追求实现的快速增长的案例分析，说明政府常常追求的是效率，政治目标与经济目标并不一定矛盾（Bardhan and Roemer，1994，p. 179）。另外，巴德汉和罗伊默还对施莱佛和维什尼"由于民主社会主义政府比民主资本主义政府拥有更多现金流，前者有更多的资金为追求政治目标投入无效的项目上去"的逻辑问题进行了批判，并通过引用统计数据，试图说明，民主社会主义与民主资本主义相比，不仅可能具有更多的平等，而且可能具有更高的效率（Bardhan and Roemer，1994，p. 180）。

在众多文献中，著名信息经济学大师斯蒂格利茨（Stiglitz，1994）

的著作《社会主义向何处去》格外引人注目。① 在这部著作中，他对以新古典经济学范式和市场社会主义为基础的转型理论进行了系统的批判。他认为，新古典经济学范式和市场社会主义本质是一样的，对市场社会主义的批判就是对新古典经济学范式的批判。他借助信息经济学的工具，对市场社会主义由于缺乏对激励问题的重要性认识带来的严重错误进行了深刻的分析②，他认为，尽管信息经济学的发展为激励提供了发现问题和解决问题的工具，但由于缺乏竞争提供的市场纪律和市场经济所促进的创新精神，从而市场社会主义的前景并不光明，由此，斯蒂格利茨否定了市场社会主义的可行性。

新市场社会主义者则相信信息经济学可以用于解决社会主义制度的问题。罗伊默批评斯蒂格利茨对社会主义的否定实质上是对于一般均衡模型的否定。在他看来，市场经济本身也被代理问题所困扰，尤其是当它涉及大公司的管理权与所有权分离的传统问题的时候。如果市场社会主义面临的主要困难是信息经济学所说的激励问题，那么建构有效率的市场社会主义模式应该是可能的。在这个意义上，信息经济学与它之前的理论存在相似之处。在一般均衡模型中，没有区别竞争性自由市场制度与市场社会主义制度的理论依据，同样，在信息经济学模型内，也无法区别自由市场制度与其所有代理问题得到确认并尽可能予以解决的市场社会主义制度。

如果说带着"灿烂的猜想"（brilliant guesses）③的哈耶克试图从世界观的角度否定社会主义的可能性和合理性的话，那么，斯蒂格利茨则试图以"现代经济理论"为基础，对市场社会主义进行彻底的批判，而且，还包含对市场社会主义所赖以存在新古典主义理论范式的批判。

---

① 早期与社会主义经济核算论战有关的信息经济学方面论文可以参见格罗斯曼和斯蒂格利茨（Grossman & Stiglitz, 1980）、萨尔和斯蒂格利茨（Sah & Stiglitz, 1986）。在这两篇有影响的论文中，利用信息经济学的成果对机制设计给予了很多的关注。

② 斯蒂格利茨指出市场社会主义五个重要错误，分别是：市场社会主义低估了激励问题的重要性；低估了使一个"完全价格"体制正常运作的困难程度；低估了资金配置的困难程度；错误地判断了分权化和竞争的作用及功能；简单地忽略了经济中创新的作用。

③ 科尔奈形容哈耶克的话。

按照笔者的理解，社会主义经济核算论战的双方都没有对激励问题给予足够的重视，只是激励问题隐含在米塞斯和哈耶克追逐的与信息经济学不同路径的理论之中，而对于市场社会主义一方来说，虽然兰格注意到了激励问题，但是由于认为那是社会领域研究的问题而轻易地忽略了，新市场社会主义者对激励问题给予了重视，但是仍然没有找到解决激励问题的根本途径。

三　寻求第三条道路的努力

奥地利学派对于市场发现和知识观点的论证无疑是有力的，但由于忽视了多布的观点的一些重要方面，他们实际上没有能够对多布的"个人原子式决策的非效率"的批评做出回应。事实上，虽然社会主义古典模式在经济核算、激励和信息诸方面存在难以克服的困难①，但是，沿着这条思路，社会主义者仍然在不断反思、深化和发展其理论，试图开辟被忽略的第三道风景线，尽管多布的观点在总体上没有在这场论战之中得到足够的重视。

基于多布对计划重要性的认识和对经济核算论战的贡献，安德曼和德维纳（Adaman and Devine，1996）构造了一个把奥地利学派对于市场默会知识的理解和多布的事前决策结合起来的"参与计划"（participatory planning）模型。因为，在安德曼和德维纳看来，社会主义古典模式无法承受米塞斯的挑战，市场社会主义的新古典经济学范式无法承受来自奥地利学派和多布的挑战，奥地利学派无法承受多布的挑战，而多布的中央计划模型也无法承受奥地利学派的挑战，于是，将奥地利学派和多布的理论结合起来构建的"参与计划"模型也许是一个好的尝试。

对于这种计划与市场结合的尝试的更深层次问题，有待理论的研究和实践的检验。

---

① 在理论上，已为不少经济学家论证；在实践中，也为苏联、东欧的剧变所证实。

四　完善兰格—泰勒—勒纳模型的努力

1989年之后，不仅东欧社会主义国家突然走上了完全市场化的道路，而且许多曾经明确拥护这种改革进程的倡导者一变而成为传统资本主义市场经济的拥护者（皮尔森，1995）。尽管第五代市场社会主义者已经兴起，但遗憾的是他们并不是兰格—泰勒—勒纳理论的直接延续，与兰格—泰勒—勒纳的观点相差甚远，兰格—泰勒—勒纳的支持者几乎不复存在。但情况并不总是如此，利维（Levy，1990）的《中央计划价格偏爱》就是一个例外。

利维在《中央计划价格偏爱》一文中，在忽略了激励问题的前提下，通过复杂的数学论证，得出了支持兰格—泰勒—勒纳的结论。即在静态情况下，不存在理性核算问题，但是，相比计划价格，市场价格是边际产品价值的更好估计；在竞争情况下，市场价格比计划价格效用高[①]；在资本主义社会，由于垄断对经济和价格的控制，市场价格的均差比计划价格大[②]；在社会主义社会，在计划垄断模型下，计划价格是边际产品价值的无偏估计。此外，利维还对凯恩斯的计划干预给予了很高的评价。

第四节　多布们试图开辟新的风景线

自米塞斯提出关于社会主义经济核算挑战问题以来，基于新古典范式的市场社会主义者给予了回应，而直到20世纪90年代初，基于马克思主义范式的学者尚未给予实质的回应，多布等正统马克思主义者虽然也参加了论战，但是，由于缺乏有说服力的回应理论，在辩论中一直处于边缘状态。虽然马克思主义的理论基石"劳动价值论"一直被马克思主义者所信仰，但是由于缺乏实践的可行性，无法应对米塞斯提出的

---

① 与哈耶克辩论一致的结论。
② 使用了勒纳的证明。

"劳动质的差异和非生产性的自然资源核算"两个问题，一直处于缺位回应状态。苏联学者的最优化理论虽然坚持以劳动价值论为基础，但是，由于他们是在对米塞斯挑战全然不知的情况下进行的，虽然触及，但也没有解决米塞斯提出的两个问题，因而，对于米塞斯的挑战并没有实质回应。苏联和东欧国家剧变后，社会主义支持者处于理论和实践双重困境之中，解决这种尴尬变得尤其重要，而随着理论和计算机的发展，通过劳动时间的核算解决社会主义经济核算的难题似乎变得可能，科特尔和科克肖特（Cottrell and Cockshott，1993）在这方面做了开拓性的尝试。

一 利用劳动时间作为经济核算单位面临的挑战

科特尔和科克肖特在《核算、复杂性与计划》一文中，首先回顾了米塞斯的论证。他们写道："在否定事物计划的可能性之后，米塞斯分析了社会主义计划者有无可能在经济核算中使用'客观可认知的价值单位'（Mises，1953），即某种可计量的商品属性。米塞斯认为，唯一可以考虑的单位是李嘉图和马克思价值理论中的劳动量，但是米塞斯最终否定了劳动作为价值单位的可能性，他提出了两条相关的论证，都是为了证明劳动量不是核算生产成本的适当方式。这两个论证是：采用劳动价值忽视了自然资源成本和劳动的异质性"。

对于自然资源成本的忽略的解释，科特尔和科克肖特引用了米塞斯论证的例子，即花费同样的劳动时间，但由于包含的自然资源不同，价值应不同。对于该问题，他们承认"环境因素和劳动时间核算未必都能简化为量化的共同指标量"，但是，他们认为，"资本主义情况往往更糟"，"米塞斯也完全愿意承认，重大环境问题不能纳入货币核算范围之内"。笔者认为，在该问题上科特尔和科克肖特没有作出实质的回应，因为市场的货币评价，一般包含着对使用自然资源的评价。

对于劳动异质问题，"米塞斯坚持认为这是不可能的。工资级差似乎提供了一个解，但在这种情况下，平均化过程'是市场交易的结果，而不是它的前提'。米塞斯认为，社会主义社会实行平均主义的收入政策,因此缺乏可以充当核算标准的、由市场决定的工资水平。结论是,'为了进行劳动核算,就不得不随意确定复杂劳动转换为简单劳动的比例,这是无法应用于国家经济管理的'"。科特尔和科克肖特反驳道:"虽然,劳动不是同质的,但没有理由认为,化约复杂劳动的因素在社会主义条件下必然是随意的。对于技能劳动,可以采用马克思在《资本论》中分析生产资料的方法,即把技能劳动作为一种被生产出来的投入,其中包含的劳动被逐渐'转移'到产品之中。给定获得技能所需要的劳动时间,以及这些技能的折旧,可以算出技能中所含劳动时间的隐含'转换率'……当然,获得技能所需的劳动投入可能是技能劳动和简单劳动的混合,这时技能倍数的核算要复杂一些。在这种情况下,需要使用叠加法:先把所有投入都当作简单劳动来核算转换率,然后用第一轮转换率重新估计技能劳动投入,再在这一基础上重新核算转换率,如此等等,直到达到收敛"。

尽管在笔者看来理由并不十分充足,但是科特尔和科克肖特还是得出了如下的结论:"总之,我们发现,米塞斯反对采用劳动时间核算的两个具体观点是可以反驳的"。

二 以劳动时间为核算单位的缺位回应

在上述结论的基础上,科特尔和科克肖特开始了他们对社会主义经济核算的"缺位回应"。他们认为"劳动价值带来两个问题:在社会主义计划中用劳动价值作为基本标准的经济合理性,以及这样做的技术可行性"。接着,他们围绕劳动时间核算的技术可行性和经济合理性展开了论述,成为"缺位回应"的核心。

对于"劳动时间核算的技术可行性",科特尔和科克肖特通过将"生产条件可以被描述成一个线性的投入—产出系统"的假定,经过推导和求解过程的时间推算,得出的结论是:"劳动时间核算的技术可行性,明显依赖于计算机硬件和最新的运算程序。因此,在20世纪上半叶认为这种核算不可行的人(有社会主义者,也有社会主义批评者),

当时可能是完全正确的。"①

在说明了劳动时间核算的技术可行性后，科特尔和科克肖特转向"核算的经济合理性"，并将它分解为"关于生产的时间维度"和"对消费者的产品估价进行合并的必要性"两个问题。对于生产的时间维度问题，科特尔和科克肖特以"米塞斯没有提出这一问题"为由，借助萨缪尔森和维萨克的结论即"单纯的劳动价值只适合静态系统，在动态系统中，理性计划需要一组修正的价值"，自欺欺人地认为问题已经解决。至于"对消费者的产品估价进行合并的必要性"，科特尔和科克肖特借助于马克思"劳动证书"的设想、苏联经济学家斯特鲁米廉的"在社会主义均衡状态下，每一生产线所创造的使用价值与所消耗的社会劳动时间应该有相同的比例"的结论，以及兰格"试错"过程的修改版，声称该问题也已经解决。

通过对劳动时间测量的应用，科特尔和科克肖特构建了一个核算产品选择的方法，试图复兴社会主义类型的经济计划。他们认为，计算机的发展使这样的核算在技术上具有了可行性，他们的论证从另一个路径上回应了奥地利学派的挑战，也为捍卫马克思主义理论做出了积极的努力。

三　对使用劳动时间作为经济核算单位的不同意见

对于使用劳动时间进行经济核算问题，在科特尔和科克肖特的论文发表之前，斯蒂勒、拉沃伊等都进行过批判。斯蒂勒（Steele, 1981b）评述道："使用客观的交换价值进行经济核算失去了三倍的优势：交易者按照传统进行核算、经济生产的货币收益率和价值的普通单元"。拉沃伊（Lavoie, 1985）专列一节"劳动时间解决的困难"对使用劳动时间进行核算问题进行批判。在自然资源成本问题上，拉沃伊认为："虽然通过生产他们的必要劳动时间减少了这个理由，劳动核算能尝试解决一

---

① 限于篇幅和比较深奥的原因，我们将"劳动时间核算的技术可行性"做简要的说明，不再给出数学的证明。

些'未加工材料'（例如，树）的稀缺问题，但是，没有直接的方法能应付非再生自然环境的生产"。对于劳动的异质性问题，他认为，使用劳动时间作为一个核算单元的主要困难是异质劳动时间不能比较。

科特尔和科克肖特的论文发表后，受到霍威茨（Horwitz，1996）的批判。霍威茨认为，科特尔和科克肖特的论文，以复杂的数学工具为神秘外衣，试图证明他们不可能证明的东西。在霍威茨看来，科特尔和科克肖特忽视了奥地利学派挑战的本质，在人类行动的市场之外愚蠢地寻找价值的测定，并没有成功回应奥地利学派的挑战。应该指出的是，尽管霍威茨对货币价格等进行了很好的解释，也通过"知识的默会""生产函数不是客观的可知函数"，以及"信息能够流入一个计算机的方程"等对科特尔和科克肖特进行了批判，但是，总的来看，霍威茨的批判并不是非常有力。

由此可以看出，是否能够随着理论和计算机的发展，通过劳动时间来实现经济核算的问题，仍然是一个值得进一步商榷的问题。

第五节　仍然存在的争辩

尽管在苏联、东欧剧变之前，先后经历了争论解释的"标准版"和"修正版"两个权威的解释，但是，这并不意味着不存在其他的解释和争辩，本节试图回顾20世纪90年代之前有关争论的其他解释或争辩，以更全面地理解争论本身。

一　关于争论原型的拓展与争辩

由于"标准版"的解释，在20世纪50—70年代，"事实上被所有的不管什么意识形态的经济学家所接受"，奥地利学派处于尴尬的境地，因此，在50—70年代围绕争论原型的辩论并不多见，而布鲁特克斯（Drewnowski，1961）对争论原型的拓展，以及由此引起的与罗伯茨（Roberts）的一场论战，变得尤为突出。

布鲁特克斯在《社会主义经济理论：一个重新考虑的建议》一文

中针对兰格—勒纳模型脱离现实、不能应用于现实的缺陷，利用福利经济学的成果，提出国家偏好函数概念，并对它进行了理论分析，试图建立一个新的社会主义计划理论分支。布鲁特克斯基于新古典经济学对显示偏好的分析指出，尽管国家偏好函数并不像消费者个人偏好函数通过它的市场行为显示出来，但是国家偏好函数可以通过实际国家政策的实现以及事前的政策目标显示出国家的偏好来。按照布鲁特克斯的分析，在社会主义国家，资源和技术可能得到充分的利用，计划决定事前的均衡，均衡点不仅一定在产品的可能线上，而且一定在国家愿望线上，最终形成国家偏好的价格。

罗伯茨（Roberts，1968）借助于数学工具对布鲁特克斯的观点进行了分析，结论是布鲁特克斯试图填补兰格—勒纳模型的缺陷的尝试并没有成功，也没有完成他的理论应该来源于现实并能够应用于现实的目标。

针对罗伯茨的批评，布鲁特克斯（Drewnowski，1971）进行了反驳。他认为罗伯茨不仅误解了他的理论的关键点，而且没有对偏好的概念和它们的显示给予正确的理解。在这篇论文中，布鲁特克斯强调了双重偏好，即国家的偏好和消费者的偏好。罗伯茨（Roberts，1972）在进一步回应中指出，如果国家偏好目标通过声称的目标实现，那么国家的偏好函数就会变得多余。

二 关于是否存在可行的社会主义的争辩

布鲁斯、锡克、科尔奈等关于社会主义运行模式的探讨，以及匈牙利和南斯拉夫经济体制改革的实践，影响了以研究社会主义经济与苏联问题著名的英国经济学家亚历克·诺夫（Alec Nove）。诺夫于1983年出版了《可行的社会主义经济学》一书，通过对当时苏联和东欧各国实践与理论的考察[①]，勾画了一幅可行的社会主义蓝图，为社会主义经济指出了一种新的发展思路，由此，引发了一场关于"可行的社会主

[①] 霍华德和金（1992）认为该著作是诺夫终生研究的成果。

义"(feasible socialism)问题的争论。这样，经过近50年的酝酿，理论界再度爆发了关于市场社会主义的论战高潮（吕薇洲，1997；霍华德和金，1992）。争论的阵地是英国《新左派评论》（New Left Review），争论的另一方是马克思主义经济学家曼德尔（Mandel）。

这一争论与20世纪20年代的争论在很多方面不同。第一，第二次世界大战之后的五六十年代西方市场经济经历了所谓的"资本主义的黄金时代"，而到70年代末，社会主义阵营的苏联、东欧等国家，大多陷入经济危机甚至政治危机中。第二，社会整体意识从30年代米塞斯所说的"知识分子的社会主义思潮"逐渐向右转而倾向于自由市场经济体制，东欧社会主义国家也出现了布鲁斯、锡克、科尔奈等依据实践而对社会主义做出的理论反思。第三，在资本主义的黄金年代之后，西方市场经济也出现了严重的经济衰退，经济滞胀、失业增加等现象不断出现。第四，很大程度上是因为30年代经济核算论战被认为是社会主义一方占据优势，此次争论直接对话双方都是社会主义的支持者，而争论的焦点则在于社会主义中的市场是否必要，以及计划的社会主义是否可行。这些新的经验和理论探索使关于社会主义经济问题的争论进入了一个新的阶段。

在《可行的社会主义经济学》一书中，诺夫依据对当时苏联、东欧经济的考察提出的可行的社会主义模式，否定了传统的全面计划经济和民主自治模式的社会主义体制。这一模式建立在他对马克思价值论的批评之上。诺夫认为马克思的价值论忽视了社会主义条件下的经济计量、机会成本、可替代材料的选择等问题，而将使用价值和价值做了不恰当的分离，使价格的决定只能依赖于无差别的劳动时间。这种思路使生产关系和计划过程单一化，同时导致了政治上的集中官僚化，背离了让劳动者积极参与的初衷。

诺夫具体论证计划经济的社会主义不可行的观点主要有如下几个方面：（1）社会产品的种类数量巨大使计划经济不可行。例如，他提出在苏联至少存在一千二百万种产品，造成的投入产出的比例和数量总和构成无数的极其复杂的生产公式，而这不可能通过一个社会民主机构为各个单位制订计划来解决。这无数的生产交换关系,无法依赖任何计算机或者某种民主机构而只能通过市场获得调节。(2)消费需求极其复杂并且往往随着生产的发展而不断变化,这使得对消费者的偏好进行预测和估算困难。消费者对不同消费品都有自己一整套的价值观,它只能通过货币来向市场传达他对不同产品的需求程度,而计划者是不可能确知每一个消费者对产品的不同需求程度的。(3)民主自治的计划经济是不可能的,因而要实行社会主义,人们只能在官僚集权的计划经济与市场社会主义之间做出选择。这主要是因为任何民主自治机构在面临实际的经济调整时,最终都必须依赖中央计划的决策。

曼德尔对诺夫的观点持完全批判的态度。曼德尔(Mandel,1986)认为,首先,资本主义的劳动社会化、企业规模日趋扩大和企业内部计划发展等趋势显现了生产计划化的现实性。从自然经济发展到现代社会,成千上万的人进行生产方面的合作,这种发展趋势包括了企业生产越来越有计划。事实上,随着资本主义的发展,企业规模越来越大,对生产进行有计划的管理在规模上也越惊人。计划不过是继承并发扬资本主义中早就出现的趋势。其次,一定层次上的消费需求是可以做出分析和预测的。消费有不同层次的需求,如基本生活必需品、奢侈品等,而对较低层次的如生活必需品的需求是基本稳定和可以预测的。计划经济中消费者参与生产决策控制,这超越了资本主义中消费者实质上的被动自由。最后,生产社会化的趋势以及人们正式、非正式合作的发展构成了民主自治计划模式的基础。民主自治可以按照如下方式运行。最高层的民主决策机构决定经济增长率、积累率、部门发展次序、直接分配的产品和经由市场分配的产品的比例等全局性的重大计划。各经济部门的民选代表会议依据总体计划决定调拨的资源和部门自己现有生产力决定具体的生产计划工作分配等。在消费方面,民选的消费者委员会协同并监督消费品工业的自治组织,共同协商生产计划,以便使消费者更能积极地、直接地影响生产者。

曼德尔认为,计划和市场是两种不同的资源配置方式,两者是相互排斥的。它们分别可以和不同的政治形态结合,诺夫的"可行的社会主义"不是真正的社会主义。在曼德尔看来，随着资本主义发展，企业发展中计划的比重将不断增大，市场的作用将逐渐缩小，货币和价格虽仍然被使用，但已不是自由竞争的市场关系，这为社会主义计划经济做好了准备。在《为社会主义计划辩护》一文中，曼德尔还勾画了与诺夫相对立的社会主义发展蓝图：在市场经济中，工人是资本家和市场法则的奴隶；在"现实的社会主义"中，工人被官僚剥夺了制订计划、管理生产的权利，成了官僚的奴隶。工人阶级只有通过民主的自治，自己确定自己的需求的优先级，并按此顺序分配社会资源——这就是马克思所说的计划经济——这样才能摆脱资本家和官僚的枷锁。哈耶克认为，计划经济是通向奴役之路，而在曼德尔看来民主集中的计划将成为工人阶级"通向自由之路"。

在此之后，诺夫和曼德尔在《新左派评论》（New Left Review）上分别发表《市场与社会主义》（Nove，1987）和《市场社会主义的神话》（Mandel，1988）来论证自己的主张，驳斥对方的观点。

尽管曼德尔对社会主义市场与计划问题提出了发人深省的观点，但他设想的民主自治的社会主义制度必须面对来自两个方面的有力挑战。其一是实证方面，一些实践，尤其是南斯拉夫对于工人自主管理企业的经验表明，自治并不能解决无效率和不平等这样的问题。在某些情况下，特定工人团体的特殊利益可能被制度化，导致比私有产权基础上的更低的运行效率。其二则是在逻辑上存在新古典公共选择理论所揭示的为确定社会利益而设计的民主制度的无效率和悖论。

事实上，现实资本主义经济的发展并没有如同曼德尔所认为的那样其市场关系有削弱的显著倾向，脱离这一实际而设想超越市场的民主计划体制无疑是过于理想化了，因此，诺夫的基本观点得到现代社会主义者的广泛认同，这就是：如果社会主义要继续作为非乌托邦设想而存在，它就必须以某种方式将市场、硬预算约束等联系起来（霍华德和金，1992）。假如把这场论战看作20世纪30年代社会主义经济核算论战的一个延续，那么当时作为挑起争端的而此时缺席的一方奥地利学派所揭示的资本主义的真正力量在于它的动态发现和创新能力的看法在这里仍然为论战双方所忽视。

三 关于市场社会主义去向的争辩

自 20 世纪 50 年代以来，东欧社会主义国家掀起的以市场为导向的经济体制改革的理论和实践，引起了马克思主义经济学家阿诺德（Arnold）的不满。阿诺德在 1987 年发表了《马克思和市场社会主义生产关系的不平衡》一文，引起一场关于市场社会主义是否会导致资本主义的争论。争论阵地为《经济学和哲学》，争论双方发生在社会主义者之间，争论另一方为斯威特卡特（Schweickart）。

阿诺德（Arnold，1987a）通过对马克思的经典著作《资本论》《哥达纲领批判》等的分析，认为马克思的社会主义是没有市场的计划经济。社会主义经济不像资本主义经济那样为交换而生产，而是为使用而生产的经济。"假如社会主义是一个商品生产的系统，它将有强烈的倾向退回到资本主义"。在阿诺德看来，苏联等国家的社会主义实践并没有真正废除市场，而南斯拉夫（抑或匈牙利）则是市场社会主义形式的不完美典范。"如果市场社会主义是'未来的波'，那么，它将是对马克思关于基本经济系统预言的篡改"。阿诺德认为，在工人自治企业中，由于管理才能的差异，为了企业的生存，竞争的压力迫使工人放弃他的使用权。

斯威特卡特（Schweickart，1987a）不同意阿诺德的分析，他通过南斯拉夫的工人自治企业的实践例证，得出了"工人并没有放弃他的使用权"的结论，同时，在承认工人自治企业扩张的动力不足的基础上，通过与资本主义企业比较，得出了"工人自治企业压力较小，异化现象较少"等与阿诺德相去甚远的结论。

在后续的争论中，阿诺德（Arnold，1987b，1987c，1988）和斯威特卡特（Schweickart，1987b）都通过有利于自己的实证和逻辑进行了进一步争论，但是，对于市场社会主义是否是通向资本主义道路这一问题，争辩双方都没有给出令人信服的论证。

四 关于中央计划当局是否需要收集复杂信息的争辩

对于市场社会主义现实可行性批判的一个重要点是中央计划当局（CPB）没有能力收集大量的分散信息。巴切南（Allen Buchanan）的研究给出了新的答案。他认为中央计划当局并不需要收集非常多的专门信息，它需要做的仅仅是观察产品短缺或过剩的信息，并依此调节产品的价格而已。至于产品的初始价格，仅需要根据历史的价格信息去设定。由此，巴切南得出了"兰格—勒纳的试错法能够解决知识分散问题，哈耶克的辩论并不成功"的结论。[①]

关于巴切南的批判，夏皮热（Shapiro，1989）在《社会主义核算辩论的复活：一个对哈耶克捍卫而对兰格的反对》一文中，试图捍卫哈耶克的观点。夏皮热认为巴切南的"中央计划当局并不需要收集非常多的专门信息"是对哈耶克观点的误解，因为在夏皮热看来"市场个体生产者的角色与兰格模型中个体管理者的角色是相似的；CPB的信息角色与市场生产者价格的信息角色是相似的"。夏皮热认为巴切南的另一个误解是忽视了双方的建立条件。试错法建立在完美竞争和帕累托效率标准上，而哈耶克对兰格模型的批判，并不使用完美竞争的假设和帕累托效率标准，而是建立在真实的市场中，二者并不一致。

五 关于经济运行机制的设计

在哈耶克和罗宾斯看来，社会主义组织的失灵是由于机制设计问题，因为计划者不能获得消费者偏好和资源使用的完全信息，从而不能有效配置资源。更进一步，即使计划者通过某种方式能够获得这些信息，也需要花几年时间去核算现代经济中的数百万种价格（Klein，1996）。在兰格等看来，通过"试错"，可以解决偏好显示问题，实际核算是不必要的。

美国经济学家里赫维兹（Hurwicz）的研究为机制设计问题作出了

---

① 根据夏皮热（Shapiro，1989）对巴切南著作 Ethics, Effriency, and the Market 分析整理。

开创式的贡献。他出生在莫斯科，由于20世纪70年代对经济机制理论的开创性研究，被誉为"机制设计理论之父"，其研究对象大到对整个经济制度的一般均衡设计，小到某个经济活动的部分均衡设计，所讨论的问题是：对于任意给定的一个目标，在自由选择、自愿交换的分散化决策条件下，能否并且怎样设计一个经济机制（制定什么样的方式、法则、政策条令、资源配置等规则），使经济活动参与者的个人利益和设计者既定的目标一致。他对机制设计的开创式研究使他在90岁高龄获得了诺贝尔经济学奖（2007）。

1973年，赫维茨在《美国经济评论》杂志上发表论文《资源分配的机制设计理论》（Hurwicz，1973），论文在对"兰格模型"（赫维茨称为线形模型）和其他已有的机制模型分析的基础上，提出了机制设计的两个核心问题——激励相容原理和显示性原理。激励相容原理是设计一种机制，将个人理性与集体理性协调起来，以达到主观为自己、客观为他人的效果。信息不对称会导致市场失灵，需要设计某种激励机制诱导经济人显示真实信息。显示性原理就是为了获取最高收益，委托人可以只考虑被"显示"的机制，即委托人在第二阶段的接受机制，第三阶段在接受机制下进行选择。这一原理的发现，大大简化了问题的复杂程度，代理人的类型空间就直接等同于信号空间，把复杂的社会选择问题转换成博弈论可处理的不完全信息博弈，为进一步探索铺平了道路。

赫维茨认为，在资源分配问题设计上，信息和激励问题仍然没有解决，但是，借助于他的激励相容原理和显示性原理，可以打破传统机制设计的限制：（1）设计一个特别的新的机制；（2）显示机制设计受到的约束和平衡条件。

至此，赫维茨构建了一个机制设计的初步框架。这种利用新古典经济学范式试图对机制进行理性建构的方法是对奥地利学派的一个挑战。

第六章　理论遗产

这场 20 世纪经济思想史中"社会主义经济核算"的争论，是学界广为人知的。但对这场争论所包含的某些基本理论问题，我们还没有获得充分的理解和解决。这些基本问题涉及如何理解个人理性和制度设计的局限性、市场制度的基本性质和特征等。从前述的研究中可以看出，现在争论已经从原来的奥地利学派经济学与社会主义之间的对抗转化为新奥地利学派经济学与新古典经济学之间的直接对抗。

第一节　争论与实践

米塞斯早期的文献确实在理论上对"纯正的"社会主义理想（无市场、货币的计划经济＋公有制）所面临的经济核心问题提出了强有力的批评。事实上，第一个社会主义国家，在实践中也从这种"纯正的"理想退却，走向"现实的社会主义"，例如，"新经济政策体制"就是明证。即使是在"斯大林模式"中，也存在商品和货币关系，虽然这种关系被视为一种过渡形态。但对社会主义来说，"社会主义经济核算大争论"的最重要成果是"市场社会主义"思想的诞生。这给后来社会主义的经济体制改革生成了一粒火种。兰格—勒纳模式承认，以劳动分工为基础的理性经济核算需要市场、货币和价格的参与，但同时强调市场、货币和价格的参与是完全可以与公有制相容的。在这种意义上，兰格—勒纳模式承认了米塞斯的部分论点。

兰格曾经公正地评论说,"社会主义当然有充分的理由感激米塞斯,这位批评他们的事业的'魔鬼辩护者',正是他有力的挑战,迫使社会主义者认识到,恰当的经济核算体系对于引导社会主义经济的资源配置具有重要意义。米塞斯教授的雕像应该在社会主义国家中央计划委员会或社会化部大厅中占据一个尊贵的位置"。[①]

的确,正是米塞斯等在理论上的挑战,加上实践中的困难,使社会主义者或同情者对"社会主义经济意味商品、货币和竞争的消亡"的经典立场产生了动摇。20世纪后半期东欧社会主义阵营中的经济改革,使大多数人认识到,任何切实可行的社会主义都必须利用市场来配置资源。现在几乎所有的社会主义者都在不同程度上接受了这样一种观点:社会主义要有生命力,就必须把市场、预算硬约束和某种程度的私有制结合起来。虽然说这些观念的转变在很大程度上源于实践的思考,那也证明米塞斯提出的问题是具有说服力的。

虽然对于"社会主义经济意味着商品、货币和竞争的消亡"的正统观念,米塞斯命题能显示出其强大的力量,但是,对于各种形式的市场社会主义,这种批判的力量是较为软弱的。事实上,哈耶克和米塞斯从来也不重视"现实的社会主义"实践的变化。正如甘布尔所评论的,"如果哈耶克和米塞斯能够承认市场经济的组织方式多种多样、一切生产资料公有化的经济同样可以以经济学家们所理解的方式与资源的合理分配兼容,他们的立场也许早就能够得以澄清了。但是,'从不妥协'正是哈耶克和米塞斯的特点,因为他们拒绝社会主义经济学家在争论中所用的新古典主义式的分析结构"。[②]

要说清楚这场争论对社会主义改革实践的影响,是比较困难的。事实上,马克思主义经济学家几乎没有关注这场争论的早期发展,至少可以说没有引起重视。但是,后来这场争论的主角之一的兰格领导着波兰经济委员会,直接把这场争论的某些思想带到了对波兰计划经济体制的

[①] 兰格:《社会主义经济理论》(中译本),中国社会科学出版社1981年版,第1页。
[②] 甘布尔:《自由的铁笼:哈耶克传》,江苏人民出版社2005年版。

改革方案设计的思考之中。

苏联解体之后,新奥地利学派原来的直接靶子——社会主义计划经济体制已经不复存在,于是"新古典主义式的分析结构"就成为他们批评的主要对象。由于新古典主义是经济学中理解市场制度的主流,我们的总结将基于新奥地利学派经济学与新古典主义在这方面的差异。

第二节 市场、所有制与效率

马克思从未认真思考过在现代工业化社会建立没有生产资料私有制的市场体系的可能性。他对资本主义制度的批判一直是把私有制和市场结合在一起的。在他看来,这种制度所建立起来的是一个使生产和使用相脱节的经济体系,一个在其中生产目标(最大限度地增加利润)只是间接地与消费的目标(提高消费者的福利)相联系的体系,必定不如一个在其中生产和消费并没有如此"分离"的体系有效率。特别地,作为一种没有用总体合理计划来协调社会经济活动的制度体系,市场是"一种生产上的无政府状态"。这种状态将不可避免地反复造成大量的资源浪费和严重的社会经济不稳定。

这场争论最直接的结果是迫使社会主义者和同情者思考:资源配置的效率能否独立于市场制度的存在和所有制形式的问题。

兰格模式及其追随者提出了社会主义可以与市场制度相容的论点。虽然这种论点相对于传统的社会主义解释是一个巨大的进步,但并没有完全解释如何相容的问题。中国的实践已经否定了社会主义与市场制度不可能相容的观点,虽然中国模式与兰格模式相去甚远。但是,这不等于说,哈耶克等的观点完全没有意义。

米塞斯、哈耶克及其追随者一直不承认兰格式的论证的有效性。哈耶克坚持认为,试图把社会主义与竞争性市场融合起来的结果,"不过是件赝品而已"。[①]

---

① [英]艾伯斯坦:《哈耶克传》,秋风译,中国社会科学出版社2003年版,第111页。

为什么会是"赝品"呢？因为，在新奥地利学派经济学家看来，社会主义经济引入市场，甚至于放弃计划经济的某些特征，只要坚持公有制，仍然无法实现充分的效率。他们坚持认为，私有权、市场和竞争是彼此密不可分地结合在一起的，由此才可能产生出资源有效配置的结果。

为了使哈耶克等的诘难更为清晰，我们可以从以下三个方面来说明兰格式论证存在的理论难题。

一 第一类问题：资源配置的效率可以相对独立于所有制形式吗？

米塞斯认为，以生产资料国有化为基础的社会主义计划经济，由于没有真正的自由市场，不可能实现资源的有效配置。他的基本逻辑是：如果没有生产资料私有制，就不能建立起市场；没有市场，也就没有作为理性的经济核算的最重要基础——表现为货币价格的核算尺度，从而也就不可能实现经济效率。以他的原话来说，"没有自由市场，就不可能有定价机制；没有定价机制，就不可能进行经济核算"。后来，他更明确地指出，"市场及其在价格形成过程中的相关功能不可能脱离财产私有制，也不可能脱离资本家、地主和企业家以他们认为合适的方式处理财产的自由"（Mise, 1936, p. 138）。

为什么没有市场价格，社会主义就不能进行有效的资源配置呢？按照现代经济学的观点，任何事物都不具有内在的价值；只有当它对于人们具有主观上的使用价值时，其客观的使用价值才会具有经济意义——效用。不仅如此。众多的个人对物品的偏好是不同的，在市场中，这种主观的偏好是通过他们愿意支付的货币价格表现出来的。众多的经济个体互不相同的价值评估为所交换的商品制定出一组价格，这组价格随即成为经济核算的基础。以这种理性的核算为基础，以专业化和劳动分工为基础的复杂的现代经济就得以有序地演进。但是，以生产资料公有制为基础的社会主义将会强制性地取消相关的市场，从而使理性的经济核算基础不复存在。

米塞斯曾经以一个例子来说明这一点。假设我们要建一栋房子。建一栋房子可以有许多种方法，不同的方法表现为所使用的各种建筑材料和其他投入组合的不同，从而成本各异。相对于未来建筑物的效用来说，每一种方法都各有其优劣，从而会导致房子的寿命各不相同。如果用自由市场的方式来提供这栋建筑，那么，建筑企业就会根据需求者愿意接受的价格（这种价格表明消费者对这栋房子的价值的评价），再根据各种生产要素的价格，进行成本—收益核算，选择一种有效的建筑方式。如果由社会主义"局长"来提供，那么，由于不存在各种生产要素的市场价格，没有货币这样一种核算单位，他无法将各种要素简化为一个统一的价值单位进行成本核算，根本就不可能对各种方法的优劣进行经济比较。于是，这个局长只能在"黑暗中摸索"，最终的决定只能是按照政府官员的爱好。

事实上，作为第一个社会主义国家，且不说"新经济政策"时代，即使是"斯大林模式"的全盛时期，苏联经济也容许市场和货币关系的有限存在，但在思想意识形态上，却始终把这种"存在"视为一种暂时的过渡形态。但是，在米塞斯等看来，这种受限制的市场和货币关系，仍然无法确定人们对于某种特定商品的具体需求，所有的生产决定带有很大的随意性。

兰格—勒纳模式坦率地承认，以劳动分工为基础的理性经济核算需要市场与价格的参与，市场是社会主义实现经济效率的必要组成部分，但争辩说，公有制形式与市场制度是相容的，资源配置的效率可以独立于所有制形式。这种模式的核心论点是，生产资料私有制的消失并不意味着市场交换的终结，市场交换的存在也不排除计划和社会主义价值观的实现。

兰格在综合迪金森和泰勒的观点的基础上，提出著名的"试错解"，以此回答米塞斯—哈耶克的责难。兰格也运用瓦尔拉斯一般均衡理论，但着眼点不同于迪金森。按照他的模式，社会主义经济将按下述方式运行：人们可以自由选择职业，消费者也可以自由选购商品，即存在劳动市场和消费品市场；但不存在生产资料市场，生产资料将由国营企业生产，并处于中央计划的控制之下；中央计划局给国营企业确定出一组价格，并促使它们在这种价格约束条件下使成本最小化。那么，中央计划局如何确定价格呢？兰格的设想是，它最初确定的各种价格也许是武断的，但这并不重要。因为企业会把在这组价格下哪些产品过剩或短缺的信息传递给中央计划局。根据这些信息，计划局就可以像瓦尔拉斯的"拍卖者"那样，提高短缺品的价格，降低过剩品的价格。就这样，像真实市场经济那样，作为"试错过程"结果的价格，最终会引导社会主义经济走向均衡，实现资源的有效配置。

概言之，如果政府当局（或者说"中央计划委员会"）能够建立起指导经济的市场过程的一整套相对价格，所有制形式就不会影响资源的合理配置。以私有制为基础的市场经济是通过竞争过程来获得价格，而以公有制为基础的计划经济却可以通过中央计划部门求解一般均衡方程组，从而获得一组"影子价格"。不仅如此。兰格更进一步认为，"在某种社会主义经济中，试错程序或至少会比在一种竞争性经济中发挥出色得多的作用。因为，对于整个经济体运行得如何的认识，中央计划局要比任何一位企业家拥有为广泛得多的知识；因而，比之于一个竞争性市场实际上进行的试探过程，中央计划局能够以短得多的试验过程，就达成正确的均衡价格"。

新奥地利学派经济学家认为，兰格模式的论证仍然没有解决社会主义合理配置资源的难题，因为，第一，这种论证混淆了两种价格概念——相对价格和一般价格的不同性质。相对价格，即两种商品在市场上的交换比率，最多也只能说明市场的均衡状态是什么样的状态。对于资源配置来说，最重要的是以货币价格形式表现出来的一般价格，即"为一种选择所付出的代价"。在哈耶克看来，相对价格"不过是宽泛意义上的价格，即'我们为一种选择所付出的代价'的特例而已。只有一般意义上的价格对于解决资源配置问题才是不可或缺的"[①]。

也就是说，经济决策需要价格作为成本—收益核算的基础，但这种基础是一般价格而不是一般均衡模型所确定的相对价格。真正对资源配

---

① 艾伯斯坦：《哈耶克传》，秋风译，中国社会科学出版社 2003 年版。

置起决定性作用的这种价格并不是能够人为核算出来的。这里涉及的根本就不是我们如何核算所谓"正确的价格"的问题。在这种意义上，兰格等对米塞斯的批评就变成无的放矢。由于兰格的论证遵循的是一般均衡理论，这种论证也就染上了新古典一般均衡模型的所有弊端（详细的解释见下文）。

第二，中央计划制度是一种由某个人控制的秩序，协助这个人的，则是一些收集和整理资料的组织，它们把源于具体时间、地点的信息传递到这一决策中心。按照哈耶克等的看法，这种制度安排，存在两个问题：（1）收集和整理资料的组织能够以这种方式直接传递给决策中心的，只是那些可以明确表述的信息和知识，但是，还有大量的分散化个人知识表现为"默会知识"（其中包含大量的实用知识）的形态，是无法以这种方式传递给决策中心者的。（2）虽然这种制度能够接触到分散的个人知识的某些层面，但这种秩序结构中并没有一种灵活的机制来提高其信息分类能力或反馈能力。

相比之下，市场制度却包含着一种灵巧的机制——"价格体系"。哈耶克等把这种"价格体系"视为一种演化出来的"沟通交流的媒介"，它能够使人们克服他们对于将决定其行动之成败的绝大部分事实（整个社会的具体条件、环境）的无知，也使所有个人和群体的行为整合成某种连贯的秩序。价格体系何以能做到这一点呢？因为，在竞争过程中形成的价格体系中会记录下人们参与市场活动而留下的那些零星的私人知识，并通过对这样的参与所生成的价格重新整合而创造出新的知识（详细的解释见下文）。而兰格模式中由中央计划局制定的价格根本不具备这种功能。

此外，兰格—勒纳模式本身还存在一些其他缺陷。社会主义经济改革的实践经验表明，（1）仅有消费品的市场化而同时没有生产资料的真实市场，会给资源的有效配置带来一系列的混乱。（2）若要实行市场经济制度，不管是哪种类型的市场经济制度，私有产权的存在，是一项必不可少的基础。这与现代经济学的产权理论是高度一致的。

问题是，是否由此就可以像新奥地利学派经济学家那样推论：市场经济必须建立在纯粹的私有制基础上？在这种经济中，难道就没有公有制存在的空间吗？经济学家对这类问题的回答，一般是否定的。也就是说，不管经济中私有制占多大的比重，其中必然都会有一部分公有制性质的公共部门。有些经济学家还力图提供公有制企业也有效率的某些经验证据，虽然他们也认可私有制与效率相容的论点。对我们来说，一个更大的困惑是：按照科斯的思想，只要产权界定清晰，不管什么形式的产权结构，都能实现经济效率；那么，为什么公有制企业或部门就不能界定其清晰的产权结构呢？难道真的就如同哈耶克所断言的，"社会主义与市场的结合，必然是一个赝品？"

二　第二类问题：公有制经济能否很好地解决激励相容的问题？

在米塞斯和哈耶克看来，所有制形式所涉及的，并不仅仅是市场的建立问题，更重要的是，它还与激励问题不可分割地结合在一起。兰格—勒纳模式，遵循瓦尔拉斯一般均衡思路，在形式上证明资源配置的效率可以独立于生产资料所有制形式，但是，这并没有解决激励相容的问题。这里涉及的一个根本问题是动力基础问题。

经典社会主义理论模式对资本主义市场制度的一个重要批判是：任何依赖于竞争的而不是直接合作的动机的体系，包括市场体系，都不可能是社会合作的最有效率的或最人道的形式。至少可以说，如果一个社会必须把狭隘的、相互冲突的个人利益作为基本的动机，那么，它就是有缺陷的、不发达的社会。社会主义者曾经对动力问题作出非常乐观的假设：一旦实行社会主义公有制，人们将能够具有利他主义的直接合作的动机，不再把他自己的或亲友的利益与更广泛的社会利益对立起来，会改变自私的行为方式。事实证明，所有这类假设都是有问题的。

在哈耶克看来，对公有制来说，问题在于决策和责任不可能完全放心地交到既非生产资料的所有者，也与他们管理的财产没有直接利害关系的那些人手里。按照新奥地利学派经济学家的观点，在没有私有制背景的情形中，不可能形成市场型经营行为的信息基础和动力基础，因为，只能私有制才能对人们做出含有风险的各种创新决策提供必要的激励（预期收益）和必要的约束（财务责任）。在他们看来，兰格等虽然注意到这些问题，但他们的解决方法被证明是不可取的。

兰格模式和各种市场社会主义模式放弃了经典社会主义理论模式"大公无私"的动力假设，但它们认为，激励问题只是一个"管理问题"，可以通过机制设计来给予解决。兰格强调，现代资本主义社会中，大型公司的所有权与管理权是分离的，这就会带来股东与经理人之间的委托—代理问题。如果股东不能够对经理人实施有效的激励，后者就会有偷懒的动机。这与社会主义经济中存在的相关问题并没有本质差别。熊彼特（1976）也通过指出现代资本主义条件下所有权与管理权相分离的情形而否定了哈耶克等的上述论点的因果关系。

这种辩解仍然没有解决公有制企业的动力问题，米塞斯和哈耶克提出的问题仍然存在。这不完全是一个管理问题。第一，我们不能假设公有制企业的经理人员是大公无私的利他主义者。大量的观察表明，公有制企业存在"委托人—代理人问题"。这一问题也存在于私有制企业之中，但在公有制经济部门中，这一问题更为严重。第二，国家所有制并不等于公有制。国有企业的管理者和有关政府官员不可能像"真正的企业家"那样行事，因为他们面临的预算约束和激励完全不同于真正市场上的企业家。科尔奈的软约束理论非常清晰地说明了这一点。

三 第三类问题：社会主义经济能够充分实现其价值观吗？

按照马克思和恩格斯的设想，未来共产主义社会的价值观至少包括两个基本方面：个人的自由发展和社会公平。那么，社会主义在走向这种未来社会的过程中对这种价值追求能做出什么样的贡献呢？

以兰格为主的一批经济学家之所以批评自由市场经济，是因为他们认为，这种体制不可能实现充分就业、公平的收入分配和合理的投资，希望找到某种中央计划方法，但能够复制出自由市场具有的那种潜在效率却又无上述缺陷。他们坚信，可以设计出一种社会主义经济体制，克服米塞斯所说的那些障碍，实现与自由市场一样的效率；同时又能够实现社会公平。兰格—勒纳模式最富有魅力之处是：力图证明在公有制基础上保证社会公平。

兰格等的这种观点本身就必然会使围绕社会主义核算的争论，从单纯经济效率的问题提升到终极价值和伦理的层面。但是，把争论拓展到这一方面的真正人物却是哈耶克。

哈耶克在直接为这场争论所写的《社会主义：竞争性解决方案》中，就把争论拓展到政治领域："社会主义制度是否能够避免对经济活动进行广泛的指挥这样的问题，具有极其重要的意义，它不仅关乎经济效率，也关乎在这样的制度下，个人自由和政治自由还能保留多少这样的重大问题"。

事实上，从1940年的那篇论文开始，哈耶克在对社会主义的批评中，其论证就主要是基于自由，而不是经济效率问题。他认为，比之于以公有制和计划经济为基础的社会主义①，以自由市场制度为基础的资本主义不仅更具有经济效率，而且更重要的是，也更有利于个人自由的发展。

在《社会主义：竞争性解决方案》中，哈耶克写道：在一个政府控制经济的社会中，"所有的经济问题都变成了政治问题"。而其《通向奴役之路》则深化了他的这种观点："控制了所有经济活动的人，就控制了实现我们全部目标的手段，因而也就决定着哪个目标会被满足，哪个目标不能满足。这正是问题的关键所在。经济上的控制，决不仅仅控制了人的生活中可以与其他方面相分离的一个方面，而是控制了实现我们全部目标的手段"。

哈耶克坚信，如果要让政府从事全面的计划来控制经济的运行，就必须让它掌握越来越多的控制权；由此出现的危险是，政府对经济的控制导致对政治过程本身的控制，最终将会使各种自由和民主形式都不复

---

① 注意：哈耶克所说的社会主义是传统型的。对此，在此书1976年版的前言中，他专门做了澄清："这几十年间，术语已经发生了变化，由于这个原因，我在这本书中讨论的东西可能被人误解。当时我所说的社会主义是毫不含糊地指生产资料的国有化及使得以实现并成为必不可少的中央计划经济"。

存在。在哈耶克看来，民主只有同市场制度所固有的选择自由结合在一起，才有继续生存下去的希望。

哈耶克对计划经济类型的社会主义在这些方面的批评是强有力的。实现个人的充分自由曾经是社会主义的终极目标，但是，社会主义者历来没有能够令人信服地证明社会主义制度如何实现这一目标。莫里斯·多布在20世纪30年代甚至于认为，只要计划经济体制能实现更高的效率，牺牲消费者的选择自由，这种代价也是值得的。其实，他的这种言论，在20世纪70年代，就已经没有什么说服力了，因为计划经济中的资源配置效率低下的情形已经非常明显，既没有给人们带来物质方面的利益，更没有保障个人的基本自由。

虽然兰格模式允许消费者和劳动者的自由选择，但这种自由即使在理论上也是非常有限的。确实如奥地利学派经济学家所说的那样，市场制度本身最起码包含着基本的经济自由。对普通人来说，这种自由是最重要的和基础性的自由。普通人每天所做的正是运用自己的财产进行生产、消费、交易这类世俗的平凡经济活动。他们的日常生活很少牵涉政治活动。正是经济自由赋予他们以个人自由的生机。中国的改革实践过程也充分证明，引入市场制度之后的社会主义可以恢复和拓展个人的自由程度。现代经济学家也普遍承认这样一种观点，即竞争性市场的存在是实现政治自由和公民自由的一个必不可少的重要基础。

但是在这方面，奥地利学派经济学家走得太远了。政府权力的过度集中会损害个人自由，这是正确的。但奥地利学派没有充分认识到，经由自由市场而形成的私人权力的垄断，也同样会对个人自由造成严重的损害。

新奥地利学派经济学家走得更远的，是对福利制度方面的批评。这将使我们触及奥地利学派尚未解决的另一些疑难问题。这类难题就是这一学派对体现社会正义的"社会和解"的否定。

哈耶克自称为古典自由主义者，反对将正义与福利联系起来的现代自由主义。他认为，正义与不正义只能归因于人类主体在适用于每个人的公平规则之下进行的有意识的行动。在自由市场经济中，源于个人行动的收入分配，不是任何人的有意谋划，而是市场过程的无意识的产物，因此，也就没有人能够对市场分配的结果负道德责任。对这种结果，不适用于"正义与不正义"的评判。再说，在一个复杂的社会中，中央计划者根本无法"知道"什么是合适的收入分配，而且，也没有什么道德价值等级能够证明这种人为改变市场结果的行为是合理的。这就是哈耶克的基本观点。在他看来，福利是一种慈善之事而不是正义之事。市场之中的那些不幸者并没有获得额外福利的一种权利和资格，因为他们的贫困并不是任何人精心行动的结果。

这种只坚持程序正义、反对社会正义的观点属于一种极端的类型。现代自由主义者一般力图沟通程序正义与社会正义，以体现现代社会文明的精神。这种精神总是包含着"肯定性的"自由：不仅仅是保护个人的自由空间，而且要创造条件使个人能够充分地享有这一空间来发展自身的能力。

其实，哈耶克等没有意识到，一旦他们对"社会公平"的这种否定成立，他们所倡导的自由市场制度也是无法生存下去的。现实的自由市场制度之所以运行得比较好，就是因为社会福利政策为实现"社会和解"而进行的努力之功。

可以说，不同经济体制与社会公平之间的关系问题也是这场争论的重要组成部分。如果说米塞斯和哈耶克一方在效率问题方面占了上风，那么，在这方面却始终处于守势。

第三节　市场环境的不确定性、知识的分散化与价格

新古典经济学的价格决定理论存在致命的缺陷：只有引入外生的"拍卖者"，才能勉强说明价格的形成。这种缺陷不仅使兰格等可以利用瓦尔拉斯一般均衡理论来论证中央集权的计划体制可以实现与竞争性市场经济一样的效率，也使某些学者用之证明奴隶制也是有效率的！

通过论战，哈耶克对价格决定的机制作出了一种与"价格遵从"

的完全竞争模式截然不同的分析思路。

一 个体均衡与社会均衡

在看到兰格的论文之前，哈耶克似乎认为，自己是在利用公认的"主流"经济理论来反驳早期社会主义和市场社会主义的理据。但是，看到兰格很容易地把新古典的假设转化为"一般均衡的市场社会主义"模式，并据此为以公有制为基础的计划经济辩护之后，哈耶克大感意外。他拒绝兰格的论证，意识到主流经济学对市场制度本质的理解是存在根本缺陷的，并不同于新古典主义经济学的、对自由市场制度的理解。他的观点在"经济学与知识"（1937）、"知识在社会中的利用"（1945）、"作为发现过程的竞争"（1967）等一系列文章中得到越来越清晰的表述。

哈耶克认为，兰格模式的"试错法"是"过于迷恋纯粹静态均衡理论问题的产物"（Hayek［1940］，1997）。正是均衡模型误导人们对有关市场过程的性质的正确理解。

新古典主义经济学假定市场的参与者拥有完备的知识，知道自己的效用或生产函数，知道所有相关的市场价格，也知道实现自己的效用或利润最大化所需的所有知识。于是乎，理论就以这样一种形式来展开：从"给定的"技术演绎出"给定的"成本，又从中演绎出"给定的"价格，留给市场参与者的任务只是选择数量。消费者以某种方式选择所需求的产品数量，以使来自所消费的所有商品的边际效用恰好相等；生产者所选择的生产数量，恰好使其边际成本等于价格。在这种新古典世界中，如果我们让行为者作出最优选择，所要解决的仅仅只是数学的核算问题。因此，新古典主义把经济学改造成了一种纯粹的逻辑思维练习，只关注均衡状态的存在性、稳定性和效率。在其中，我们根本看不到行为主体竞相积极地尝试超越对手的竞争过程。

在新古典世界中，知识完备的假设与最大化假设结合起来，其结果必然是永远不会出错。所以，一般均衡模型必然会得出这样的结论：在主体进行实际的行动（最大化行为）之前，必须保证价格是"正确的"。但是，谁来保证得到所谓的"正确的价格"呢？在一般均衡模型中，由于市场参与者不可能进行有意义的学习，因此，必须引入某些外生的力量以保证价格是"正确的"，从而保证均衡得以实现；于是，便出现了瓦尔拉斯模型中的"拍卖者"。在这种模型中，参与者只需基于他们所获得的价格参数进行最大化即可，没有什么需要学习的，因而也就不可能存在内生的变化。类似地，在兰格模式中，则是由"中央计划者"来保证这种"正确的价格"的制定。

在哈耶克看来，新古典主义的均衡理论所描述的，最多也只是社会学习过程的终点状态，但对可以导致均衡结果的竞争性市场过程中所发生的社会学习过程，从来就没有给出一个令人满意的描述，从而，也就让人们无法理解知识是如何在现实的市场中被发现和传播的。因此，经济学的真正难题并不是基于已知的偏好、技术、价格、成本所进行的最大化效用和利润问题，而是人们如何通过市场的互动过程，获得与实现自己的目标相关的各种信息和知识的问题。

为了说明自己的这种观点，哈耶克把均衡状态分为两类——个体的内部均衡和人与人之间的社会均衡。对前一种均衡，可以按照新古典经济学的方式，即个人均衡是可以先验地从纯粹选择逻辑中得出来的。但对于人与人之间的社会均衡来说，就不能这样来处理，因为从个人均衡概念转向社会均衡概念可能涉及完全不同的因素。用哈耶克自己的话来说，"长久以来，我总是感到，我们在纯粹分析中所使用的均衡概念本身及方法，只有在局限于单个人的行为分析时才有明确的意义。当我们将其应用于解释许多不同个体之间相互作用时，我们实际上正步入一个不同的领域，并悄然引进一个具有完全不同特征的新因素"。[①]

这一"新因素"就是知识的分散化现象，具体地说，就是每个人都拥有彼此不同的知识。例如，家庭主妇也许最了解在什么条件下可以把颜色各异的纺织物放在一起洗涤，也最了解所在社区的各种商品的供

---

① 哈耶克：《个人主义与经济秩序》，贾湛等译，北京经济学院出版社1989年版，第33—34页。

给和价格情况；农民最了解他的土地的性状和所饲养的牲畜的特性；一位计算机技术人员也许了解某些特定的、在有关专业书籍里找不到的系统设置的诀窍；一位警察会积累起很多他负责社区内与以安全有关的特点的知识，这些知识充其量只有一部分为其同事所共有。知识的这种分散化会随着社会分工的发展而强化。因此，经济学家所面临的真实问题是：如何协调这些分散化的知识，从而使我们能够讨论所谓的"社会均衡"。或者说，"当我们谈论有关竞争制度的均衡时，我们究竟如何使用这个概念"。[①] 一旦我们要解释市场参与者的行为互动，至关重要的是信息在个人之间传递的过程，而这完全是一种经验性的问题，不能运用先验的均衡概念来解释。

对这一问题的探究，才能使经济学"摆脱纯粹逻辑学练习的角色"，进入经验性的领域。经济学只有能够说明所有参与者如何获得并在竞争过程中利用这些分散化的知识，才能重新成为一门经验科学。正是对这一问题的探索，使哈耶克对经济学做出了最具原创性的贡献。

二 价格所传递的信息的特殊性质

人们是带着已经通过自己加工的、以某种推测和猜想的形态存在的私人知识进入市场的。与以集中的形态存在的、系统化的理论和数据知识不同，这种私人知识只能是个人拥有的、关于特定时空的"本地的知识"（local knowledge），是以不完整的、零星的形态存在于无数个人的思考技巧、习惯之中的"实践知识"，其中的有些部分属于以无法言传的形态存在的、私人的"默会知识"（tacit knowledge），但却是对社会协调最重要的。

这种关于特定时空的知识不可避免地带有主观成分的内容，甚至是错误的。市场参与者所拥有的市场资料，永远只能是猜测性的，只有在市场过程中，他们才能最终知道自己需要什么，消费者的偏好是什么、自己可以利用哪些机会，等等。因此，市场过程将会提供一种使错误的

[①] 哈耶克：《个人主义与经济秩序》，贾湛等译，北京经济学院出版社1989年版，第36页。

知识被人们发现并改正的程序。

市场过程是如何为人们提供这样一种程序的呢？价格是在人们讨价还价的互动过程中形成的。在这一过程中，价格体系记录下了人们在参与市场活动的过程中留下的那些零星知识，并通过对由此而形成的价格重新整合，创造出新的知识。

因此，价格的形成就是传播知识或信息的过程。不仅如此，价格的波动本身就提供了间接地获取他人知识的途径，借此就可以协调与他人的行为。正是这种价格机制，使人们能够克服他们对于将决定其成败的绝大多数事实（整个社会经济的具体条件、环境等）的无知，也能使所有个人和群体的行为整合成为某种秩序。运用诸如价格之类抽象的符号，人们就能够弥补其对无限复杂的环境的无知。简言之，价格体系能使"默会知识"明朗化，市场的参与者通过卷入某一制度性过程，超越自身知识和信息的不可避免的零碎性、主观性、不可言传性，从而自发地形成秩序。

"局部知识"是通过什么样的途径得以集中体现在"价格"这一简单的符号之中并得以传播呢？那就是作为一种过程的竞争。价格是非均衡的现象，向市场参与者提示着采取行动的机会。通过竞争过程，盈利和亏损机制将会为市场参与者提供动力。竞争是一种激励人们努力去发现和创造知识的过程。这一过程所能完成的，是迄今为止尚未有人实现过的获利可能性和偏好的发现（应当产生什么产品）。也就是说，竞争不仅是知识的发现过程，而且是偏好的发现过程。

可以说，在论战中，哈耶克把市场经济理解为一种动态的竞争性过程，其中，通过价格的形成过程，分散化的知识得以传播到经济的各个角落，促成生产计划和消费计划的协调；同时，竞争充当着发现分散化的知识的作用，正是货币价格推动着我们称为经济核算和市场竞争的学习和发现的过程。而兰格等对市场的理解却是基于新古典的一般均衡模型，通过假设市场参与者具有完全知识，这种分析框架根本无法用于说明市场的动态特征、市场如何协调经济等问题。

对于均衡模型及其理性主义的知识假设来说，经济最优化所涉及的就是使价格"正确"而已(虽然我们不知道什么是"正确的价格")。而按照市场过程理论,经济最优化问题则是市场参与者如何在一个充满不确定性的世界中检验自己的"推测"的问题,在这里,根本不存在所谓"正确的价格",只存在可以不断修正的价格。因此,奥地利学派(特别是哈耶克)并不像新古典主义经济学家那样认为市场总会导致最优的结果。

根据对价格所传递的信息类型的区分,哈耶克认为,对于建立在复杂的专业化和分工基础上的现代社会经济的协调问题来说,最重要的知识是每个人所拥有的"默会知识"。但是,由于这种知识只能以分散的形态存在,而且具有"默会"的性质,中央计划当局是无法利用它们的。中央计划当局所能直接利用的,主要是那些能以集中的形态存在的、系统化的理论和数据的知识。市场制度的作用就在于,唯有它们,能够使每个经济主体所掌握的分散的知识为社会所用,并且提供一种使错误的知识为人们所发现并改正的程序,因为它们的形成过程其实就是个人在行为互动过程中交流这类知识的过程。

市场价格的本质在于发现、传递和储存信息的观点,是哈耶克在这场争论中提出的原创性贡献。这一贡献加深了我们对价格机制的理解。虽然新古典主义经济学已经接受了这种观点,但他们以均衡范式来理解市场时,却根本无法表达出市场的这种动态性质。① 在这方面,使新古典经济学家在理论上感到困惑不解的是实验经济学的某些结果:"在许多试验性市场中,信息不全、易犯错误的人类行动者,根据交易规则互动所产生的社会算法(social algorithms),可以证明它们相当接近于传统上认为获得完全信息的理性的、有认知能力的行动者才能达到的财富最大化结果"②。但这种试验结果与瓦尔拉斯一般均衡理论有冲突,但与哈耶克的理论是相容的。

---

① 不过,更值得注意的是:虽然市场过程理论有助于我们对价格的形成的理解,但经济学到现在也仍然没有一种完备的价格决定理论。
② Smith,1994;转引自艾伯斯坦,2003。

三 市场制度有效率的非价格基础

仅有价格机制，尚不足以解释我们所观察到的市场经济中的协调现象。考虑到知识的分散化问题，即使是竞争性经济也几乎不可能把所有的信息反映在价格机制之中。因此，哈耶克用对"市场秩序"的分析来代替新古典经济学对均衡的直接分析，以此证明市场参与者之间的协调不仅需要价格机制，还需要非价格的其他许多机制。

新奥地利学派经济学家（特别是哈耶克）认为，新古典主义错误地把稀缺性资源的有效配置问题视为经济学的核心问题，从而误解了经济学的本质，把它降为研究理性选择的数学问题。经济学的真正问题是"市场交换"，而不是理性选择！只有把注意力集中在"交换"上，我们才能够把市场视为一种制度结构，把竞争视为对个人行为模式产生限制作用的过程。

与此相应，新奥地利学派经济学家不认可新古典经济学以帕累托效率标准来判定竞争性市场均衡为最优状态的观点。哈耶克就从来不认为，自由市场能够以某种合适的方式来保证帕累托式的效率。按照知识的分散化和市场过程理论，任何人都不可能事先知道什么才是"合适"的，更别说"最优"了。人们只有通过参与市场的过程，才能发现自己的真正偏好是什么，什么是满足自己的偏好的好方法！

即使市场具有这种发现的功能，它仍然不可能是一种完善的工具，但却是一种有助于克服个人的无知和知识局限性的工具。

第四节 作为一个学派的重要教训

在前面总结"理论遗产"时，我们偏重于说明新奥地利学派经济学在争论过程中提出的有益观点和富有挑战性问题。但这不等于说，他们的那些观点是没有缺陷的，更不等于说他们的论证就是完美无缺的。否则，我们也就无法理解这样的学术现象："多年来，哈耶克和米塞斯的论证在经济学家中基本上得不到承认或赏识。……在上世纪中叶，哈耶克仅仅只是作为《通向奴役之路》而被人记得，而不是一个指出价格体系对于发现、传递和储存信息以及利用知识的作用的经济学家"。①事实上，虽然哈耶克获得诺贝尔奖之后，奥地利学派的形象得到了一些改变，但直到现在，他们仍然还要为获得主流经济学更多的认可而努力。

新奥地利学派之所以会陷入这样一个困境，与它的这样一个独特的性格有关，即（1）对数学和计量经济学方法毫不妥协的坚决排斥；（2）对所有集体主义和政府行为的强烈批判。这不仅使他们的真知灼见得不到良好的传播，也使他们不能客观地评价现代经济学的发展对我们认识现实世界的帮助。他们的真知灼见往往是掺和着极端的观点。他们的这种固执，源于米塞斯对先验论推理的极端观点和哈耶克理论中的不可知论因素。

米塞斯对先验论推理的极端观点使奥地利学派经济学家不能正确地对待经验研究对理论经济学的重要性，从而固执地坚持一些极端的观点。对此，米尔顿的评论是妥当的：米塞斯方法论观点的核心内容是："决定、验证理论的时候，事实实际上是无关紧要的。他们关心的只是阐释理论，而不去验证理论，因为他们认为，经济学的基础都是些不证自明之理。而这些理论之所以是不证自明的，乃是因为它们是关于人的行为的，而我们自己就是人"，"即认为知识来自我们的内心，我们自己就是我们能够信赖的资料的来源，我们通过内心就可以获得真理……我觉得这是非常荒唐的观点。我从来搞不懂为什么会有人接受这种观点"。②

科学的经济学必须在某种程度上基于经验研究。经验事实可以削弱思想上的过激。诚如 Klein 所言，"如果奥地利学派的经济学家还是只关注'metaeconomics'，而且试图迫使主流经济学家回到逻辑演绎的抽象命题，那么，终将陷入走投无路的境地"。③

---

① 考德威尔：《哈耶克评传》，商务印书馆 2007 年版。
② 艾伯斯坦：《哈耶克传》，秋风译，中国社会科学出版社 2003 年版。
③ 史库森：《朋友还是对手》，上海人民出版社 2006 年版。

而哈耶克理论中的不可知论因素又使奥地利学派经济学家对政府行为等一系列问题持过分的批判态度。哈耶克以知识的分散化为论据，批评力图设计出一种可以人为控制的理想制度的努力，基本上是正确的。但是，他把这种论点推论到反对所有的机制设计和"社会工程学"，甚至批判所有的所谓"总量"宏观经济学，那就陷入了激进主义的泥淖。在这方面，新奥地利学派的另一位代表人物罗斯巴德走得比哈耶克还要远得多，走上了无政府主义的道路。

连倾向于新奥地利学派的学者史库森都不得不评论，"如果有一个经济学派别对自由市场有着毫不动摇的、不受任何影响的、完全的、彻底的信仰（批评者会说这是盲目的信仰），那么，这个学派就是路德维希·米塞斯、穆瑞·罗斯巴德和他们的现代追随者所组成的学派"。[1]他还提到，"也有几个例外。哈耶克在《自由宪章》（1960）中支持最小福利国家和立法……"

对自由市场制度的这种极端化的信仰，使他们的政策建议完全不顾时代的发展和现实的需要，充满空想主义的味道。这类例证随处可见。例如，他们要求恢复100%的贵金属本位制；反对任何形式的公共教育和福利计划；反对政府对经济的有意识管理，等等。

即使是被视为"例外"的哈耶克，其观点也是充满武断的言辞。例如，他认为，追求"社会正义"，不过是原始部落社会的道德本能遗产的体现，必然意味着随意的、专断的国家，并破坏市场机制的正常运行。再如，他坚信，宏观经济学中各种总量之间的相互关系，乃是以一种不可取的简化论为基础的，全然不符合受价格自发调节的竞争经济的进化动力学，由此而提出的总需求管理政策只会带来灾难性的后果。所有这一类观点，即使在新古典自由主义经济学界中，也是没有多大的市场的。

---

[1] 史库森：《朋友还是对手》，上海人民出版社2006年版。

参考文献

艾伯斯坦:《哈耶克传》,秋风译,中国社会科学出版社2003年版。

白靖:《匈牙利经济改革》,载中国社会科学院《世界经济》编辑部编《匈牙利的经济改革》,中国展望出版社1983年版。

巴甫洛维奇、米洛万:《南斯拉夫自治经济制度的产生与发展》(中译本),北京大学出版社1985年版。

比兰契奇、杜尚:《南斯拉夫社会发展的思想和实践(1945—1973)》(中译本),商务印书馆1986年版。

布鲁斯:《社会主义经济运行的一般问题》(中译本),中国社会科学出版社1984年版。

布鲁斯:《社会主义的政治与经济》(中译本),中国社会科学出版社1983年版。

布鲁斯、拉斯基:《从马克思到市场:社会主义对经济体制的求索》(中译本),上海人民出版社1989年版。

布尼奇:《苏联经济管理体制问题》(中译本),中国展望出版社1985年版。

布哈林:《布哈林文选》全三册,人民出版社1981年版。

布哈林、普列奥布拉任斯基:《共产主义ABC》,生活·读书·新知三联书店1982年版。

费多连科:《社会主义经济最优运行理论》(中译本),中国社会科学出版社1991年版。

甘布尔：《自由的铁笼：哈耶克传》，江苏人民出版社2005年版。

郭冠清：《西方经济思想史导论》，中国民主法制出版社2012年版。

哈耶克：《个人主义与经济秩序》，邓正来译，生活·读书·新知三联书店2003年版。

赫茨勒：《乌托邦思想史》（中译本），商务印书馆1990年版。

霍华德、金：《马克思主义经济学说史1929—1990》（中译本），中央编译出版社1992年版。

康托罗维奇：《经济学中的数学方法》，载康托罗维奇《最优化规划论文集》（中译本），商务印书馆1984年版。

卡德尔：《公有制在当代社会主义实践中的矛盾》（中译本），中国社会科学出版社1980年版。

考德威尔：《哈耶克评传》，商务印书馆2007年版。

科尔奈：《理想与现实——匈牙利的改革过程》（中译本），中国经济出版社1987年版。

科尔奈：《社会主义体制度——共产主义政治经济学》，中央编译出版社2007年版。

兰格：《社会主义经济理论》（中译本），中国社会科学出版社1981年版。

《列宁选集》全四卷，人民出版社1972年版。

刘国光：《南斯拉夫的计划与市场》，吉林人民出版社1981年版。

刘勇民等：《苏联和东欧八国经济政治体制改革》，东北师范大学出版社1988年版。

刘树成：《现代经济辞典》，凤凰出版社、江苏人民出版社2004年版。

卢因：《苏联经济论战中的政治潜流：从布哈林到现代改革派》（中译本），中国对外翻译出版公司1983年版。

吕薇洲：《市场社会主义的历史回顾：两次论战和两种模式》，《马克思主义研究》1997年第4期。

《马克思恩格斯选集》全四卷，人民出版社1972年版。

《资本论》第3卷，人民出版社1966年版。

米塞斯：《货币、方法与市场过程》，新星出版社 2007 年版。

涅姆钦诺夫：《经济数学方法和模型》（中译本），商务印书馆 1980 年版。

涅姆钦诺娃：《涅姆钦诺夫的学术活动》，苏联《经济学与数学方法》1984 年第 1 期。

诺夫：《可行的社会主义经济学》，华夏出版社 1991 年版。

皮尔森：《新市场社会主义》（中译本），东方出版社 1999 年版。

普列奥布拉任斯基：《新经济学》，生活·读书·新知三联书店 1984 年版。

茹拉普列夫：《布哈林——人、政治家、学者》，东方出版社 1992 年版。

斯大林：《苏联社会主义经济问题》（中译本），人民出版社 1961 年版。

斯大林：《苏联社会主义经济问题》，人民出版社 1981 年版。

斯大林：《在党的第十七次代表大会上关于联共（布）中央工作的总结报告》，《斯大林全集》第 13 卷，人民出版社 1956 年版。

斯蒂格利茨：《社会主义向何处去：经济体制转型的证据》（中译本），吉林人民出版社 1998 年版。

斯莫林恩：《论产品交换的萌芽》，载中国科学院经济研究所编《苏联经济学界关于社会主义制度下商品生产和价值规律问题论文选集》，科学出版社 1958 年版。

斯摩林斯基：《康托罗维奇和最优化规划》，载康托罗维奇《最优化规划论文集》（中译本），商务印书馆 1984 年版。

苏联科学院经济研究所：《政治经济学教科书》（增订第四版）（中译本），人民出版社 1964 年版。

孙冶方：《把计划和统计放在价值规律的基础上》，《经济研究》1956 年第 6 期。

特里福诺夫、希罗科拉德：《社会主义政治经济学史》（中译本），商务印书馆 1994 年版。

托马斯：《社会主义社会的计划性与市场机制》，《经济评论》1966 年第 6 期。

锡克:《经济、利益、政治》（中译本），中国社会科学出版社 1984 年版。

锡克:《社会主义的计划和市场》（中译本），中国社会科学出版社 1982 年版。

锡克:《第三条道路》（中译本），人民出版社 1982 年版。

锡克:《经济体制——比较、理论、批评》（中译本），商务印书馆 1993 年版。

《新帕尔格雷夫经济学大辞典》，经济科学出版社 1992 年版。

熊彼特:《资本主义、社会主义与民主》（中译本），商务印书馆 1999 年版。

薛暮桥:《简论计划经济与价值规律》,《经济研究》1957 年第 2 期。

伊斯特万:《经济管理体制改革：以新的方式实行社会主义计划经济》，载《匈牙利改革的道路》（中译本），人民出版社 1987 年版。

于潜:《东欧经济理论——东欧著名经济学家经济改革思想介评》，中国经济出版社 1989 年版。

王小路:《东欧一些国家"改革派"的主要论点》,《苏联东欧问题译丛》1982 年第 1 辑。

瓦尔拉斯:《纯粹经济学要义》，商务印书馆 1990 年版。

维塞尔:《自然价值》，陈国庆译，商务印书馆 1982 年版。

泽科维奇等:《南斯拉夫经济》（中译本），生活·读书·新知三联书店 1964 年版。

张德修:《东欧经济改革浪潮》，时事出版社 1985 年版。

张宇:《市场社会主义反思》，北京出版社 1999 年版。

张仁德、张藐:《东欧独联体国家向市场经济过渡》，兰州大学出版社 1994 年版。

Adaman, Fikret and Devine, Pat, 1996: The economic calculation debate: Lessons for socialist, *Cambridge Journal of Economics*, Vol. 20, pp. 523–537.

Arnold, N. Scott, 1987a: Marx and Disequilibrium in Market Socialist Relations of Production, *Economics and Philosophy*, Vol. 3, No. 1, April, pp. 23 – 47.

Arnold, N. Scott, 1987b: Further Thoughts on the Degeneration of Market Socialism: A Reply to Schweickart [Marx and Disequilibrium in Market Socialist Relations of Production], *Economics and Philosophy*, Vol. 3, No. 2, Oct., pp. 320 – 330.

Arnold, N. Scott, 1987c: Final Reply to Professor Schweickart [Marx and Disequilibrium in Market Socialist Relations of Production], *Economics and Philosophy*, Vol. 3, No. 2, Oct., pp. 335 – 338.

Arnold, N. Scott, 1988: Reply to Professor Putterman, *Economics and Philosophy*, Vol. 4, No. 2, Oct., pp. 337 – 340.

Bardhan, Prannab and Roemer, John E. 1992: Market Socialism: A Case for Rejuvenation, *Journal of Economic Perspectives*, Vol. 6, No. 3, Summer, pp. 106 – 116.

Bardhan, Pranab and Roemer, John E. 1994: On the Workability of Market Socialism, *Journal of Economic Perspectives*, Vol. 8, No. 2, Spring, pp. 177 – 181.

Bergson, Abram., 1948: Socialist Economics, In H. S. Ellis. Eds., *A Survey of Contemporary Economics*. Philadelphia: Blakiston., pp. 412 – 448.

Bergson, Abram, 1967: Market Socialism Revisited, *The Journal of Political Economy*, Vol. 79, Issue 3, May – June, pp. 562 – 577.

Boettke, Peter, 1990: The Polictical Economy of Soviet Socialism: The Formative Years, 1918 – 1928, 重新复印于 Peter J. Boettle (ed.), *Socialism and The Market: The Socialist Calculation Debate Revisited*, Vol. Ⅷ, London: Routledge & Kegan Paul Ltd., 2000。

Boettke, Peter, 1998: Economic Calcution: The Austrian Contribution to Political Economy, *Advances in Austrian Economics*, No. 5, pp. 131 –

158.

Boettke, Peter, 2004: *Hayek and Market Socialism: Science, Ideology, and Public Policy*, the Mises Institute.

Boettke, Peter and Coyne, Christopher, 2004: The Forgotten Contribution: Murray Rothbard on Socialism in Theory and in Practice and the Reinterpretation of the Socialiat Calculation Debate: A Comment, *The Quarterly Journal of Austrian Economics*, Vol. 7, No. 2, pp. 71 – 89.

Bostaph, Samuel, 2003: Wieser on Economic Calculation under Socialism, *The Quarterly Journal of Austrian Economics*, Vol. 6, No. 2, pp. 3 – 34.

Bradley, Robert, 1981: Market Socialism: A Subjectivist Evaluation, *the Journal of Libertarian Studies*, Vol. V, No. 1.

Butos, William N., 1985: Hayek and General Equilibrium Analysis, *Southern Economic Journal*, Vol. 52, No. 2, Oct., pp. 332 – 343.

Caldwell, Bruce., 1988: Hayek's Trans for mation, *History of Political Economy*, Vol. 20, No. 4, Winter.

Caldwell, Bruce, 1997: Hayek and Socialism, *Journal of Economic Literature*, Vol. 35, No. 4, Dec., pp. 1856 – 1890.

Chaloupek, Gunther, 1990: The Austrian Debate on Economic Calculation in a Socialist Economy, *Histroy of Political Economy*, Vol. 22, No. 4, Winter, pp. 659 – 675.

Cochran, John P, 2004: Capital, Monetary Calculation, and the Trade Cycle: The Importance of Sound Money, *The Quarterly Journal of Austrian Economics*, Vol. 7, pp. 17 – 25.

Conway, David, 1990: A Farewell to Marx: An Outline and Appraisal of His Theories, *The Review of Austrian Economics*, Vol. 4, pp. 234 – 240.

Cottrell, Allin and Cockshott, Paul, 1993: Calculation Complexity and Planning: The Socialist Calculation Debate Once Again, *Review of Po-*

litical Economy, Vol. 5, No. 1, pp. 73 – 114.

Dickinson, H. D., 1933: Price Formation in a Socialist Community, *The Economic Journal*, Vol. 43, Issue. 170, June. , pp. 237 – 250.

Dickinson, H. D., 1939: *The Economics of Socialism*, Oxford University Press.

Dobb, M., 1933: Economic Theory and the Problems of a Socialist Economy, *The Economic Journal*, Vol. 43, Issue. 172, Dec. , pp. 588 – 598.

Dobb, M., 1955: *On Economic Theory and Socialism: Collected Papers*. San Francisco, CA Routledge.

Dorn, James A., Markets, 1978: True and False: The Case of Yugoslavia, *Journal of Libertarian Studies*, Vol. 2, No. 3, pp. 243 – 268.

Dremnowski, 1961: The economic Theory of Socialism: A Suggestion for Recondideration, *Journal of Political Economy*, Vol. 69, Issue. 4, Aug. , pp. 341 – 354.

Dremnowski, 1971: Dremnowski's Economic Theory of Socialism by Paul Craig Roberts: A Reply, *Journal of Political Economy*, Vol. 79, Issue. 1, Jan. – Feb. , pp. 196 – 199.

Furubon, Eirik, 1976: The Long – Run Analysis of the Labor – Managed Firm: An Alternative Interpretation, *The American Economic Review* (6), pp. 104 – 123.

Gardner, Roy, 1990: L. V. Kantorovich: The Price Implications of Optimal Planning, *Journal of Economic Literature*, Vol. 28, June, pp. 638 – 648.

Grossman, Sanford and Stiglitz, Joseph 1980: On the Impossibility of Informationally Efficient Markets, *The American Economic Review*, Vol. 70, No. 3, June, pp. 393 – 408.

Hayek, F. A., 1978, ed. : *New Studies in Philosophy, Politics, Economics and the History of Ideas*, London: Routledge & Kegan Paul.

Hayek, F. A., 1976 [1946]: The Meaning of Competition, in Hayek,

F. A. (ed.), *Individualism and Economic Order*, London: Routledge & Kegan Paul, 1976.

Hayek, F. A., 1935: *Collectivist Economic Planning*, London: Routledge.

Herbener, Jeffrey M., 1996: Calculation and the Question of Arithmetic, *The Review of Austrian Economics*, Vol. 9, No. 1, pp. 151 – 164.

Hoff, T. J., 1949: *Economic Calculation in the Socialist Society*, Indianapolis: Liberty Press.

Hoppe, Hans, 1996: Socialism: A Property or Knowledge Problem, *The Review of Austrian Economics*, Vol. 9, No. 1, pp. 143 – 149.

Horwitz, Steven, 1996: Money, Money Prices, and the Socialist Calculation Debate, *Advances in Austrian Economics*, Vol. 3, pp. 59 – 77.

Hurwica, Leonid, 1969: On the Concept and Possibility of Informational Decentralization, *The American Economic Review*, Papers and Rroceedings, Vol. 59, Issue. 2, May, pp. 513 – 524.

Hurwicz, Leonid, 1973: The Design of Mechanisms for Resource Allocation, *The American Economic Review*, Papers and Proceedings, Vol. 63, Issue. 2, May, pp. 1 – 30.

Jaffe, William., 1976: Menger, Jevons and Walas De – Homogenized, *Economic Inquiry*, Vol. 14, No. 4, December, pp. 511 – 524.

Jeon, Yoong, Deok and Kim, Young – Yong, 2004: Conglomerates and Economic Calculation, *the Quarterly Journal of Austrian Economics*, Vol. 7, No. 1, pp. 53 – 64.

Kirzner, Israel, 1996: Reflections on the Misesian Legacy in Economics, *The Review of Austrian Economics*, Vol. 9, No. 2, pp. 143 – 154.

Kirzner, Israel, 1988: The Economic Calculation Debate: Lessons for Austrians, *Review of Austrian Economics* (2), pp. 1 – 18.

Keizer, W., 1984: Further Contributions By L. Von Mises to the Central European Debate on Socialist Calculation, Research Memorandum.

Keizer, W., 1987: Two for gotten articles by Ludwig von Mises on the rationality of socialist economic calculation, *The Review of Austrian Economics*, Vol. 1.

Keizer, W., 2001: Recent Reinterpretations of the Socialist Calculation Debate, *Journal of Economic Studies*, Vol. 16, No. 2, pp. 63 – 83.

Klein, Peter, 1996: Economic Calculation and the Limits of Organization, *The Review of Austrian Economics*, Vol. 9, No. 2, pp. 3 – 28.

Knight, Frank, 1938: Review of Ludwig von Mises, Socialism, *Journal of Political Economy*, Vol. 46, April, pp. 267 – 268.

Kornai, Janos, 1980: The Soft Budget Constraint, 重新复印于 Peter J. Boettle (ed.), *Socialism and The Market: The Socialist Calculation Debate Revisited*, Vol. V, London: Routledge & Kegan Paul Ltd., 2000。

Kornai, Janos, 1986: The Hungarian Reform Process: Visions, Hopes, and Reality, *Journal of Economic Literature* (XXIV), pp. 1687 – 1737.

Lange, Oskar, 1969: *The computer and the Market*, *Socialism, Capitalism and Economic Growth*, edited by C. H. Feinstein, Cambridge: Cambridge University Press, pp. 158 – 161.

Lange, Oskar., On the Economic Theory of Socialism: Part One, *The Review of Economic Studies*, Vol. 4, 1936 – 1937a, pp. 53 – 71.

Lange, Oskar., On the Economic Theory of Socialism: Part Two, *The Review of Economic Studies*, Vol. 4, 1936 – 1937b, pp. 123 – 142.

Lavoie, Don, 1981: A Critique of the standard Account of the Socialist Calculation Debate, *The Journal of Libertarian Studies*, Vol. V, No. 1, pp. 41 – 87.

Lavoie, Don, 1985: *Rivalry and Central Planning: The Socialist Calculation Debate Reconsidered*, Volume VI, Cambridge University Press.

Lavoie, Don, 1986: The Market as a Procedure for Discovery and Conveyance of Inarticulate Knowledge, *Comparative Economic Studies*,

Vol. 28, No. 1, Spring, pp. 1 – 19.

Lavoie, Don, 1990: Computation, Incentives, and Discovery: The Cognitive Function of Markets in Market Socialism, *Annals of the American Academy of Political and Social Science*, Vol. 507, Jan., pp. 72 – 79.

Lerner, Abbe P., 1934 – 1935: Economic Theory and Socialist Economy, *The Review of Economic Studies*, Vol. 2, 1934 – 1935, pp. 51 – 61.

Levy, David, 1990: The Bias in Centrally Planned Prices, Public Choice, Vol. 67, pp. 213 – 226.

Mandel, E, 1986: In Defence of Socialist Planning, *New Left Review*, No. 159, pp. 5 – 37.

Mandel, E, 1988: The Myth of Market Socialism, *New Left Review*, No. 169, pp. 108 – 120.

Mises, Ludwig von., 1935 [1920]: Economic Calculation in the Socialist Commonwealth, in "Colletivist Economic Planning".

Mises, Ludwig von., 1951 [1922], *Socialism: An Economic and Sociological Analysis*, New Haven Yale University Press.

Mises, Ludwig von., 1966 [1949]: *Human Action: A Treatise on Economics*, New Haven: Yale University Press. 1966, 3rd, Rev. edn, Chicago; Contemporary Books.

Montias, J. M., 1959: Planning with Material Balances in Soviet – Type Economics, *The American Economics Review*, Vol. 49, Issue. 5, Dec., pp. 963 – 985.

Murrell, Peter, 1983: Did the Theory of Market Socialism Answer the Challenge of Ludwig von Mises? A Reinterpretation of the Socialist Controversy, *History of Political Economy*, Vol. 15, No. 1, Spring, pp. 92 – 105.

Neill, John, 1989: Markets, Socialism, and Information: A Reformulation of a Marxian Objection to the Market, *Social Philosophy and Policy*, Vol. 6 Issue. 2, pp. 200 – 210.

Neuberger, Egon, Duffy, William and others, 1976: *Comparative Economic Systems: A Decision – Making Approch.* Allyn and Bacon, Inc., Boston, London.

Nguyen Manh Cuong (Phd), 2004: The Socialist Calculation Debate Revisited: The Case Study of Vietnam, the Mises Institute, pp. 1 – 28.

Nove, A., 1987: Markets and Socialism, *New Left Review*, No. 161, 98 – 104.

Pasour, E. C., 1983: Land – Use Planning: Implications of the Economic Calculation Debate, *The Journal of Libertarian Studies*, Vol. VII, No. 1, pp. 127 – 139.

Prychitko, David L., 1988: Marxism and Decentralized Socialism, *Critical Review*, Vol. 2, No. 4, pp. 127 – 148.

Richman, Sheldon, 1981: War Communism to NEP: The Road from Serfdom, *The Journal of Libertarian Studies*, Vol. V, No. 1, pp. 89 – 97.

Roberts, Paul, 1968: Dremnowski's Economic Theory of Socialism, *Journal of Political Economy*, Vol. 76, Issue. 4, July – Aug., pp. 645 – 650.

Roberts, Paul, 1971: Oskar Lange's Theory of Socialist Planning, *Journal of Political Economy*, Vol. 79, Issue. 3, May – June, pp. 562 – 577.

Roberts, Paul, 1972: Revealed Planner's Preferences Once Again: A Rebuttal to Dremnowski, *Journal of Political Economy*, Vol. 80, Issue. 3, May – June, pp. 608 – 611.

Rothbard, Murray, 1970 [1962]: *Man, Economy, and State*, Los Angeles: Nash.

Rothbard, Murray N., 1990: Karl Marx: Communist as Religious Eschatologist, *The Review of Austrian Economics*, Vol. 4, pp. 123 – 179.

Rothbard, Murray, 1991: The End of Socialism and the Calculation Debate Revisited, *The Review of Austrian Economics*, Vol. 5, No. 2, pp. 51 – 76.

Rothbard, Murray, 1995: The Present State of Austrian Economics, *Journal des Economistes et des Etudes Humaines*, Vol. 6, No. 1, pp. 43 – 89.

Sah, Riaaj and Stiglitz, Joseph, 1986: The Architecture of Economic Systems: Hierarchies and Polyarchies, *The American Economic Review*, Vol. 76, No. 4, pp. 716 – 727.

Salerno, Joseph, 1990a: Ludwig Von Mises as Social Rationalist, *The Review of Austrian Economics*, Vol. 4, No. 2, pp. 26 – 54.

Salerno, Joseph, 1990b: *Postscript*: Why a Socialist Economy is "Impossible", the Mises Institute.

Salerno, Joseph, 1993: Mises and Hayek Dehomogenized, *The Review of Austrian Economics*, Vol. 6, No. 2, pp. 113 – 146.

Salerno, Joseph, 1994: Reply to Leland B. Yeager on "Mises and Hayek on Calculation and Knowledge", *The Review of Austrian Economics*, Vol. 7, No. 2, pp. 111 – 125.

Salerno, Joseph, 1996: A Final Word: Calculation, Knowledge, and Appraisement, *The Review of Austrian Economics*, Vol. 9, No. 1, pp. 141 – 144.

Samuelson, Paul A., 1976: *Economics*, Tenth Edition, New York London Tokyo etc.

Schumpeter, Joseph A., 1954: *Histroy of Economic Analysis*, New York: Oxford University Press.

Schweickart, David, 1987a: Market Socialist Capitalist Roaders: A Comment on Arnold [Marx and Disequilibrium in Market Socialist Relations of Production], *Economics and Philosophy*, Vol. 3, No. 2, Oct., pp. 308 – 319.

Schweickart, David, 1987b: A Reply to Arnold's Reply [Marx and Disequilibrium in Market Socialist Relations of Production], *Economics and Philosophy*, Vol. 3, No. 2, Oct., pp. 331 – 334.

Shapiro, Daniel, 1989: Reviving the Socialist Calculation Debate: A Defense of Hayek against Lange, *Social Philosophy and Policy*, Vol. 6, Lssue. 2, pp. 139 – 159.

Shleifer, Andrei and Vishny Robert W, 1992: Pervasive Shortages under Socialism, *RAND Journal of Economics*, Vol. 23, No. 2, Summer, pp. 237 – 246.

Shleifer, Andrei and Vishny Robert W, 1994: The Politics of Market Socialism, *Journal of Economic Perspectives*, Vol. 8, No. 2, Spring pp. 165 – 176.

Skidelsky, Robert, 1997: The Road From Serfdom: The Economic and Political Consequences of the End of Communism, *Review of Austrian Economics*, Vol. 10, No. 1, pp. 145 – 148.

Sperduto, Dennis, 2005: "The Forgotten Contribution: Murray Rothbard on Socialism in Theory and in Practice" and the Reinterpretation of the Socialist Calculation Debate: A Comment, *The Quarterly Journal of Austrian Economics*, Vol. 8, No. 1, pp. 75 – 80.

Steele, Ramsay, 1981a: The Failure of Bolshevism and Its Aftermath, *the Journal of Libertarian Studies*, Vol. V, No. 1, pp. 99 – 111.

Steele, Ramsay, 1981b: Posing the Problem: The Impossibility of Economic Calculation under Socialism, *the Journal of Libertarian Studies*, Vol. 1, No. 1, pp. 9 – 24.

Streissler, Erich. , 1973, To What Extent was the Austrain School Marginalist? in *The Marginalist Revolution in Economics*, Duke University Press 1973.

Szamuely, L. , 1982: The First Wave of the Mechanism Debate in Hungary (1954 – 1957) . *Acta Oeconomica*, Vol. 29 (1 – 2), pp. 1 – 24.

Szamuely, L. , 1984: The Second Wave of the Mechanism Debate and the 1968 Reform in Hungary. *Acta Oeconomica*, Vol. 33 (1 – 2), pp. 43 – 67.

Taylor, Fred M. , 1929, The Guidance of Procduction in a Socialist State, *The Amercian Economic Review*, Vol. 19, Issue. 1, March, pp. 1 – 8.

Vaughn, Karen, 1980: Economics Calculation under Socialism: The Austrain Contribution, *Economy Inquiry*, Vol. 18, Oct. , pp. 535 – 554.

Ward, Benjamin, 1958: The Firm in Illyria: Market Syndicalism, *The American Economic Review* (48), pp. 566 – 589.

White, Lawrence, 1988: *The Methodology of the Austrian School Economists*, The Mises Institute.

Wiseman, Jack, 1953: Uncertainty Costs, and Collectivist Economic Planning, *Economica*, Vol. 20, No. 78, May, pp. 118 – 128.

Yeager, Leland, 1994: Mises and Hayek on Calculation and Knowledge, *The Review of Austrian Economics*, Vol. 7, No. 2, pp. 93 – 109.

Yeager, Leland, 1996: Rejoinder: Salerno on Calculation, Knowledge, and Appraisement, *The Review of Austrian Economics*, Vol. 9, No. 1, pp. 137 – 139.

Yeager, Leland, 1997: Calculation and Knowledge: Let's Write Finis, *The Review of Austrian Economics*, Vol. 10, No. 1, pp. 133 – 136.